ELISABETH ENGLER

ABNEHMEN ALL IN ONE
MIT DEM THERMOMIX®

ERFOLGREICH GEWICHT VERLIEREN
UND DABEI ZEIT SPAREN

riva

Bibliografische Information der Deutschen Nationalbibliothek:
Die Deutsche Nationalbibliothek verzeichnet diese Publikation in der Deutschen Nationalbibliografie. Detaillierte bibliografische Daten sind im Internet über http://d-nb.de abrufbar.

Für Fragen und Anregungen:
info@rivaverlag.de

Wichtiger Hinweis
Sämtliche Inhalte dieses Buches wurden – auf Basis von Quellen, die die Autorin und der Verlag für vertrauenswürdig erachten – nach bestem Wissen und Gewissen recherchiert und sorgfältig geprüft. Alle Rezepte in diesem Buch wurden für den Thermomix® TM5 entwickelt und mit diesem getestet. Bitte beachten Sie: Der Mixtopf des Thermomix® TM5 ist größer als der des TM31 (Kapazität von 2,2 Litern anstatt 2,0 Liter beim TM31). Daher dürfen aus Sicherheitsgründen die Rezepte aus diesem Buch nur dann mit dem TM31 nachgekocht werden, wenn die Mengen angepasst wurden. Achten Sie auf die Füllstandsmarkierungen und überschreiten Sie die maximale Füllmenge nicht. Der Verlag und die Autorin haften für keine nachteiligen Auswirkungen, die in einem direkten oder indirekten Zusammenhang mit den Informationen stehen, die in diesem Buch enthalten sind. Thermomix® ist ein eingetragenes Warenzeichen der Vorwerk & Co. KG. Diese Publikation ist kein offizielles Lizenzprodukt der Vorwerk & Co. KG.

Originalausgabe
3. Auflage 2021

Türkenstraße 89
80799 München
Tel.: 089 651285-0
Fax: 089 652096

Redaktion: Eva Siegmund
Umschlaggestaltung: Laura Osswald
Umschlagabbildungen: riva Verlag, Shutterstock.com: Brent Hofacker, Dani Vincek
Satz: inpunkt[w]o, Haiger (www.inpunktwo.de)
Druck: Florjancic Tisk d.o.o., Slowenien
Printed in the EU

ISBN Print 978-3-7423-0313-4
ISBN E-Book (PDF) 978-3-95971-805-9
ISBN E-Book (EPUB, Mobi) 978-3-95971-804-2

INHALT

Mit Fisch 75

Süßes, Zwischenmahlzeiten und Frühstücksideen 87

Vorwort

Was bedeutet all in one?

Der Thermi bietet die Möglichkeit, auf verschiedenen Ebenen zu kochen. Grundsätzlich sind alle Rezepte, bei denen man ausschließlich mit ihm kocht, sogenannte all in one (AIO) Mahlzeiten, egal, ob die verschiedenen Ebenen auch genutzt werden. Für Eintöpfe (sogenannte One Pots) wird meist nur der Mixtopf selbst benötigt, genauso wie z. B. für Salate oder Aufstriche. Backofen und Herd bleiben kalt! Im Varoma gegart wird die Mahlzeit besonders schonend und mit wenig zusätzlichem Fett zubereitet, jedoch erhält man so auch keine schmackhaften Röstaromen, wie sie in der Pfanne oder im Backofen entstehen.

Doch die Zubereitung ist meist sehr einfach und schnell: schnippeln, in den Varoma oder auch Gareinsatz (bei kleineren Mengen) geben, würzen, dämpfen – fertig!

Mit einem täglichen Anteil von 50–100 g Kohlenhydraten (je nach Zusammenstellung der Tagesmahlzeiten) kann man die hier beschriebenen Rezepte durchaus als strikte Low-Carb-Diät bezeichnen.

Wer sich zum ersten Mal Low Carb ernähren möchte, sollte sich für die ersten beiden Wochen an den 7-Tage-Wochenplan halten und diesen dann am besten in der 2. Woche wiederholen oder leicht variieren.

Danach kann man sich Hauptgerichte aus dem nachfolgenden Kapitel aussuchen und zwischendurch einen Frucht- oder Nuss-Snack oder eines der im letzten Kapitel aufgeführten Low-Carb-Häppchen gönnen. Vorher ist es besser, auf Früchte zu verzichten, um eine bessere Umstellung zu gewährleisten.

Für die tägliche Kohlehydratmenge bitte die Angaben dazu bei den Rezepten zusammenzählen, mehr als maximal 100 g sollten es nicht sein, am besten zwischen 50 und 80 g.

In den angeführten Rezepten wird für den Varoma sehr oft Backpapier verwendet. Es hat den Vorteil, dass darin eingewickeltes Fleisch oder Gemüse besonders saftig und zart wird, austretender Saft aufgefangen und Backpapier dazu noch umweltverträglich hergestellt wird. Man kann viel Zeit sparen, indem man für den Einlegeboden passende ovale Backpapierbögen selbst auf Vorrat zuschneidet: einmal genau passend für den Boden und am besten nochmals welche, die bis zu den seitlichen Dampfschlitzen reichen, diese aber nicht ganz bedecken. Oftmals wird das Fleisch oder Gemüse direkt daraufgelegt und dort auch gewürzt.

Ans Herz legen möchte ich Ihnen auch die Basics: Mit diesen leckeren Pasten geht das Kochen und Würzen nicht nur schneller, die Gerichte schmecken auch besonders gut!

Allen, die mithilfe ihres Thermomix® nun abnehmen oder ihre Ernährung dauerhaft umstellen wollen, wünsche ich viel Erfolg!

Elisabeth Engler

Tipps für den Thermomix®

1. Der Varoma wird durch den Wasserdampf extrem heiß. Beim Herunternehmen oder auch Öffnen des Deckels (zum Umrühren oder zur Kontrolle) bitte sehr umsichtig hantieren!
2. Bitte Mixtopf und Deckel nach der Benutzung sofort spülen.
3. Beim Pulverisieren von Zucker oder Gewürzen verteilt sich das feine Pulver in der Regel überall im Mixtopf. Mit einem Spatel lässt es sich schlecht nach unten schieben, vor allem bei kleineren Mengen. Da hilft ein Küchenpinsel. Unter den Messbecher eventuell noch ein Küchenpapiertuch stecken, dann kommt der feine Zuckerstaub nicht durch. Vor dem Öffnen des Mixtopfes etwas warten, bis sich der Staub gesetzt hat, besonders Erythrit bildet einen starken »Nebel«.
4. Die eingebaute Waage ist nicht immer ganz genau. Wenn die exakte Menge besonders wichtig ist oder es um Mini-Mengen unter 5 g geht, empfehle ich eine externe Digitalwaage.
5. Klebrige Teigreste (Eiweißbrot) oder fettige Speisereste entfernt man am einfachsten, indem man erst die Reste **10 Sek./Stufe 10/mit MB** herausschleudert. Wenn das noch nicht reicht, wiegt man 1000 g Wasser ein und mixt **30 Sek./10 Stufe 10/mit MB**. Dann 4 Tropfen Spülmittel in den Mixtopf füllen und diesen **4 Min./60 °C/ Stufe 5–6** rühren lassen. Wenn Schaum hochsteigt, auf Stufe 2 reduzieren. Meistens ist der Mixtopf dann auch schon sauber und muss nur nachgespült und getrocknet werden.
6. Wird heißes Gargut im Mixtopf püriert, schützt normalerweise der Messbecher (MB) vor dem Herausspritzen. Ist der Mixtopf sehr voll oder das Gargut recht schwer, könnte es dennoch zu gefährlichen kleinen Spritzern kommen. Daher entweder den Messbecher (mit einem Tuch dazwischen) beim Mixen festhalten oder ein dickes Tuch darauflegen.
7. Kochzeiten können ebenso wie Rührzeiten variieren: Da wir mit Naturprodukten arbeiten, weisen diese zum Beispiel einen unterschiedlichen Wasser-, Zucker oder Stärkegehalt auf. So kann es durchaus vorkommen, dass Gerichte entweder ein wenig kürzer oder auch länger gekocht/gerührt werden müssen, besonders bei Fleisch und Fisch auch abhängig von der Größe bzw. Dicke der Stücke.
8. Der Messbecher misst voll 100 ml, halb gefüllt (Markierung) 50 ml Inhalt. Er wurde in vielen Rezepten daher als Hilfe zum Abmessen verwendet – das geht meist noch schneller als das Abwiegen. Messbecher immer in Reichweite legen, die Anschaffung eines zweiten ist nicht teuer und lohnt sich!
9. Unliebsame Gerüche entfernen: Um unangenehme und lästige Gerüche z. B. von Knoblauch oder Zwiebeln zu entfernen, gibt man einen kräftigen Schuss Essigessenz mit 3 Tropfen Spülmittel und 700 g Wasser in den Mixtopf und lässt ihn **10 Min./80 °C/Stufe 4/mit MB** laufen. Dann gründlich ausspülen.

So sparen Sie sich einen Tellerwärmer:

Beim Kochen mit dem Varoma die Teller zum Anwärmen etwa 10 Min. vor Kochende auf den Varomadeckel stellen – so bleibt das Essen schön warm …

Abkürzungen

In den angegebenen Rezepten werden folgende Kürzel und Begriffe verwendet:

Mixtopf	Koch- und Mixbehälter vom Thermomix®
MB	Messbecher (durchsichtiger Innendeckel zum Abdecken und Abmessen); Inhalt 1 MB = 100 ml, ½ MB = 50 ml
Stufe ...	Rührstufe (Drehgeschwindigkeit)
Linkslauf	Schalter zum Umstellen von Zerkleinern (Mixen, Pürieren) auf Vermischen (Aufschlagen, Verrühren)

Nährwerte

Bei jedem Rezept finden Sie Nährwertangaben:

- kcal steht für Kilokalorien,
- E für Eiweiß,
- F für Fett,
- KH für Kohlenhydrate.

BASICS

Gemüse-Basispaste

Pro 100 g: 64 kcal • 1,3 g E • 3,1 g F • 6,7 g KH

Besonders für varomagegarte bzw. gedämpfte Gerichte ist die Würzung wichtig. Der Dampf intensiviert Aromen, also anfangs etwas vorsichtig dosieren! Suppen und Soßen erhalten damit eine wunderbare Grundwürze, die dann mit frischen Kräutern und Gewürzen nach Geschmack noch angepasst werden kann. Außerdem kocht es sich viel schneller mit dieser Paste, und gesünder als Fertigprodukte mit Emulgatoren, Geschmacksverstärkern und Konservierungsstoffen ist sie auch. Sie werden sehen, ohne diese Paste werden Sie kaum noch kochen wollen!

Bitte in sterile oder zumindest in der Spülmaschine sehr heiß gereinigte Schraubgläser füllen.

Für 750 g
Zubereitung: 20 Min.
Rührzeit: 1 Min.

- 100 g Pastinaken, geputzt
- 200 g Karotten, geputzt
- 125 g Lauch, geputzt
- 100 g Zwiebeln, geschält, geviertelt
- 50 g Lauchzwiebeln, geputzt
- 20 g Petersilienblätter, glatt
- 10 g Knoblauchzehen, geschält
- 1 Lorbeerblatt, klein gerebelt
- 10 Pfefferkörner
- 20 g Tomatenmark
- 20 g Olivenöl
- 90 g Meersalz
- 25 g Erythrit
- 1 geh. TL Liebstöckel, gemahlen oder gerebelt

1. Das Gemüse in Stücke schneiden und in den Mixtopf geben. Petersilie waschen, trocken schütteln, mit einer Schere grob zerschneiden und mit dem Knoblauch, dem Lorbeer und den Pfefferkörnern in den Mixtopf geben.
2. Unter Zuhilfenahme des Spatels (durch die Deckelöffnung) **10 Sek./Stufe 9/mit MB** hacken. Vorgang zweimal wiederholen.
3. Das Gemüse ist jetzt relativ fein gemixt.
4. Tomatenmark, Öl, Salz, Erythrit und Liebstöckel zugeben und nochmals **20 Sek./Stufe 5** mithilfe des Spatels vermischen.
5. Paste in saubere Gläser füllen.

Da das Salz konserviert, hält sich die Paste im Kühlschrank gelagert bis zu 6 Monate.

Beim Entnehmen mit einem sauberen Löffel umrühren, sodass sich eventuell gebildete Flüssigkeit wieder vermischt.

Asia-Basispaste

Pro 100 g: 25,8 Kcal • 0,65 g E • 4,67 g F • 12,53 g KH

Für etwas pikantere sowie asiatisch angehauchte Gerichte hier die exotische Variante der Gemüse-Basispaste.

Für 680 g
Zubereitung: 20 Min.
Rührzeit: 1 Min.

- 20 g Zitronengras, geputzt, in Stücken
- 1 Chilischote, in Stücken
- 20 g Ingwer, geschält
- 10 g Galgant, geschält
- 70 g Lauchzwiebeln, geputzt und in Stücken
- 15 Pfefferkörner
- 25 g Erythrit
- 15 g Koriandergrün, gewaschen, dazu, wenn vorhanden, die Wurzeln davon
- 400 g Suppengemüse, geputzt (Sellerie, Lauch, Karotten, Petersilie)
- Schalenabrieb von 1 Bio-Zitrone (5 g)
- 30 g Sesamöl
- 90 g Meersalz

1. Zitronengras, Chilistücke, Ingwer und Galgant mit den Lauchzwiebeln, den Pfefferkörnern und dem Erythrit im Mixtopf **5 Sek./Stufe 10/mit MB** hacken. Mit dem Spatel nach unten schieben und mehrmals wiederholen, bis eine feine Paste entstanden ist.
2. Korianderblätter (und ggf. die gewaschenen, in Stücke geschnittenen Wurzeln) zugeben.
3. Das Suppengemüse in grobe Würfel schneiden und (die Petersilie zuunterst) zugeben. Im Mixtopf **10 Sek./Stufe 10/mit MB** hacken, wieder hinunterschieben. Zitronenschalenabrieb, Öl und Salz zufügen. Dann **10 Sek./Stufe 10/mit MB** hacken, evtl. wiederholen, sodass die Masse leicht breiig, aber nicht flüssig ist.
4. In Gläser abfüllen und im Kühlschrank lagern. Hält sich 6 Monate.

Kokos-Würzöl

Pro 100 g: 758 kcal • 4 g E • 83 g F • 6 g KH

Gerade wenn man keine oder nur wenig Soße hat oder das Fleisch bzw. der Fisch etwas trocken ist, kann man mithilfe dieses Öls auf gesunde Art und Weise Geschmack hineinbringen. Auch zu verwenden als Alleinwürzung. Vor dem Kochen oder auch Servieren einen Klecks oder ein paar Tropfen auf die Speisen geben. Kokosöl ist ab etwa 24 °C flüssig, hält sich aber auch ohne Kühlung ausgezeichnet.

Für 120 g
Zubereitung: 5 Min.
Rührzeit: 31 Min.

5 g Kreuzkümmel (alternativ Kümmel)
15 Pfefferkörner
5 g Salz
1 TL Petersilie, gefriergetrocknet
1 TL Schnittlauch, gefriergetrocknet
5 g Knoblauch, getrocknet
10 g Paprikapulver
100 g Kokosöl, nativ und bio

1. Kreuzkümmel, Pfeffer und Salz im Mixtopf **15 Sek./Stufe 10/mit MB** mahlen.
2. Restliche Kräuter und Gewürze zufügen und **10 Sek./Stufe 10/mit MB** pulverisieren.
3. Kokosöl zugeben und **30 Min./90 °C/Stufe 1.5/ohne MB** rühren.
4. Dann das Würzöl in ein Glas abfüllen und abgekühlt verschließen.

Die Kokos-Gewürzpaste nicht im Kühlschrank lagern, dann kann man sie besser entnehmen. Sie hält sich auch bei Zimmertemperatur mehrere Monate lang. Mit einem sauberen Löffel erst umrühren.

Wer Kokosöl nicht mag, kann auch ein gutes Pflanzenöl verwenden.

Low-Carb-Grillsoße

Pro 100 g: 87 kcal • 3 g E • 5,2 g F • 22 g KH

Diese Soße schmeckt nicht nur zu gegrilltem Fleisch, Tofu und Gemüse, sie veredelt auch gerne mal unsere AIO-Gerichte.

Für 250 g
Zubereitung: 5 Min.
Rührzeit: 14 Min.

15 g Rauchsalz
30 g Erythrit
10 Pfefferkörner
10 g Paprikapulver
1 TL getrocknete italienische Kräuter
1 Prise Chilipulver
2 Knoblauchzehen, geschält
50 g Zwiebeln, geschält
10 g Olivenöl
5 g Senf, mittelscharf
15 g Tomatenmark
200 g Cocktailtomaten, gewaschen
1 EL Apfelessig
100 ml Weißwein

1. Salz, Erythrit, Pfeffer, Paprika, Kräuter und Chilipulver im Mixtopf **10 Sek./Stufe 10/mit MB** mahlen und umfüllen.
2. Knoblauch und Zwiebeln im Mixtopf **5 Sek./Stufe 5/mit MB** hacken, mit dem Spatel nach unten schieben. Öl zugeben und **3 Min./Varoma/Stufe 1/ohne MB** andünsten.
3. Senf, Tomatenmark, Tomaten, Apfelessig und Weißwein zugeben sowie die gemahlene Gewürzmischung und **10 Min./Varoma/Stufe 1/ohne MB** kochen. MB aufsetzen, mit einem Küchenhandtuch abdecken und **6 Sek./Stufe 10/mit MB** mixen.
4. Mit Salz, Pfeffer und ggf. Erythrit nach Wunsch abschmecken und heiß in eine Schraubflasche füllen. Im Kühlschrank lagern, innerhalb von 3 Wochen aufbrauchen.

Zimtwürzer

Pro 100 g: 104 kcal • 2,2 g E • 3,9 g F • 81,8 g KH

Nicht nur Süßspeisen schmecken mit diesem Würzpulver feinwürzig mit leicht scharfer Note, auch Smoothies, Fitnessdrinks, Obstsalate und Marmeladen bzw. süße Aufstriche lassen sich mit dem Zimtwürzer verfeinern. Auch mit Frischkäse, Joghurt oder Quark kann man das Pulver mischen und pur oder auf (Eiweiß-) Brot genießen.

Für 100 g
Zubereitung: 5 Min.
Rührzeit: 1 Min.

30 g Zimtpulver
½ TL Kubebenpfeffer
1 Sternanis
3 Kardamomkapseln
4 Pimentkörner
15 Gewürznelken
1 Prise Ingwerpulver oder etwas getrockneter Ingwer
2 Tonkabohnen
60 g Erythrit

1. Alle Zutaten im Mixtopf **1 Min./Stufe 10/mit MB** fein mahlen.
2. Mit einem Küchenpinsel alles nach unten streifen und mischen.
3. In ein Glas füllen und verschlossen an einem kühlen und dunklen Platz aufbewahren. Innerhalb von 6 Monaten aufbrauchen.

Vanilla Sweetener

Pro 100 g: 83 kcal • 1 g E • 0,8 g F • 89 g KH

Dieses Gewürzpulver ist etwas kräftiger im Geschmack als herkömmlicher Vanillezucker und wird daher sparsamer verwendet. Erythrit verleiht ihm zuerst einen leichten Kühleffekt auf der Zunge, der aber in den Speisen selbst kaum noch wahrgenommen wird.

Für 90 g
Zubereitung: 5 Min.
Rührzeit: 1 Min.

20 g Vanilleschoten, getrocknet, in kleine Stücke gebrochen
3 Tonkabohnen
60 g Eythrit

1. Alle Zutaten im Mixtopf **1 Min./Stufe 10/mit MB** fein mahlen.
2. Mit einem Küchenpinsel alles nach unten streifen und mischen.
3. In ein Glas füllen und verschlossen an einem kühlen und dunklen Ort aufbewahren. Innerhalb von 6 Monaten aufbrauchen.

SIEBEN-TAGE-SPEISEPLAN

Für den schnellen Start in die Low-Carb-Ernährung finden Sie hier alle Rezepte für eine erste Umstellungswoche. Weitere Rezepte, die sich sowohl für das Mittag- als auch das Abendessen eignen, folgen im nächsten Kapitel.

Die hier aufgeführten Rezepte für mittags oder abends können übrigens auch getauscht werden, falls das in Ihren Alltag besser passt.

Wer keinen Fisch mag, tauscht diesen durch Fleisch mit ähnlicher Kochdauer wie Hühnerbrustfilets oder Schweinefilet oder auch Tofu aus.

Snacks

Als Zwischendurch-Snack für alle, die unter starkem Hungergefühl leiden, eignen sich pro Tag je 1 Portion:

- ½ Avocado
- 1 Handvoll Chips aus Käse, Grünkohl, Karotten,
- Roter Bete oder Bacon
- 1 hart gekochtes Ei, evtl. mit frischer Kresse
- 1–2 saure Gurken
- 5–6 Oliven
- Thunfisch aus der Dose, im eigenen Saft (50 g)
- Trockenfleisch (z. B. Beef Jerky, möglichst wenig gesalzen)
- 30 g Hartkäsewürfel
- 1 Handvoll Beeren wie Heidelbeeren, Brombeeren, Johannisbeeren, Himbeeren, Erdbeeren
- 25 g Sonnenblumenkerne
- 30 g Pinienkerne, Walnüsse, Mandeln (am besten ungeschält), Pistazien, Pekannüsse, Paranüsse
- 250 g grüner Smoothie aus frischem Obst und Gemüse sowie Kräutern

Tag 1: Frühstück

Chiapudding mit frischen Beeren

Pro Portion: 174 kcal • 15,2 g E • 9,5 g F • 46,2 g KH

2 Portionen
Zubereitung: 8 Min.
Rührdauer: 2 Min.
Quellzeit: über Nacht

250 g Mandeldrink, ungesüßt
50 g Chiasamen
2–3 TL Erythrit (je nach Geschmack)
1 Prise Ingwerpulver
100 g Erdbeeren, gewaschen und in Stücken
100 g Heidelbeeren, gewaschen

1. Mandeldrink, Chiasamen, Erythrit und Ingwer im Mixtopf **2 Min./60 °C/ Stufe 1.5/mit MB** mischen, in zwei Frühstücksschalen umfüllen und im Kühlschrank mit Frischhaltefolie (oder einem Silikondeckel) abgedeckt über Nacht quellen lassen.
2. Am Morgen dann die Erdbeeren und Heidelbeeren waschen und putzen bzw. schneiden und in die Schalen aufteilen, dann genießen.

Wer morgens gar nicht in die Gänge kommt, gibt der Chiamischung vor dem Abfüllen noch 2 Msp. Guaranapulver zu und rührt es gut unter.

Die Früchte kann man auch bereits am Vorabend im Mixtopf **10 Sek./Stufe 10/mit MB** pürieren und auf dem etwas abgekühlten Chiapudding verteilen. In den Kühlschrank stellen und anderntags nur noch genießen. Oder man schichtet den Pudding und die Früchte abwechselnd in kleine Weckgläschen, das sieht besonders schön aus!

Tag 1: Mittagessen

Hühnchenbrust mit Pistazien und Lauchgemüse

Pro Portion: 377,5 kcal • 52,5 g E • 13,1 g F • 9,25 g KH

2 Portionen
Zubereitung: 15 Min.
Rührdauer: 21 Min.

15 g Pistazien
400 g Hühnerbrustfilets
1 TL Paprikapulver
Salz
Pfeffer
1 Knoblauchzehe, fein gehackt
10 g Sesamöl, alternativ Kokosöl
400 g Lauch, in 1 cm breite Ringe geschnitten
1 TL Bio-Gemüsebrühe, instant
500 g Wasser
100 g Kokosmilch

1. Pistazien im Mixtopf **3 Sek./Stufe 6/mit MB** grob hacken und umfüllen. Hühnerfleisch abwaschen, trocken tupfen und in ca. 2 cm dicke Streifen schneiden. Mit Paprika würzen, salzen, pfeffern, Knoblauch und Sesamöl darauf geben. In einen Bogen Backpapier einwickeln. Diesen auf den Einlegeboden legen.
2. Lauch in den Varoma geben, mit dem Gemüsebrühpulver und Pfeffer würzen, Einlegeboden einsetzen.
3. Wasser in den Mixtopf geben, Varoma aufsetzen, **20 Min./Varoma/Stufe 2** garen.
4. Varoma auf einen Teller setzen.
5. Mixtopf ausleeren, Lauch mit der Kokosmilch hineingeben und **1.30 Min./100 °C/Linkslauf/Stufe 1.5/mit MB** mischen, mit Salz und Pfeffer abschmecken.
6. Das Hühnerfleisch mit dem Gemüse und den Pistazien betreut servieren.

Tag 1: Abendessen

Thunfischsalat mit Avocadocreme

Pro Portion: 145 kcal • 12,3 g E • 14,1 g F • 4,4 g KH

2 Portionen
Zubereitung: 5 Min.
Rührdauer: 1 Min.

150 g Thunfisch im eigenen Saft (Glas)
200 g Avocado (1 Stück)
15 g Limettensaft
Salz
Pfeffer
150 g Tomaten, in Stücken
nach Wunsch: etwas frische Kräuter wie Koriander oder Basilikum

1. Thunfisch durch ein Sieb schütten, Saft auffangen.
2. Avocado halbieren. Fruchtfleisch aushöhlen, im Mixtopf zusammen mit dem Limettensaft und der aufgefangenen Thunfischflüssigkeit **5 Sek./Stufe 8/mit MB** zerkleinern. Mit dem Spatel auch aus dem Deckel nach unten schieben und wiederholen, sodass eine glatte, dicke Soße entsteht.
3. Mit Salz und Pfeffer abschmecken.
4. Thunfisch auf zwei Teller verteilen, die Creme darüber geben. Tomaten waschen, in Viertel schneiden, dazugeben, nach Wunsch Kräuter darauf streuen und servieren.

Tag 2: Frühstück

Süßer Mandelbrei

Pro Portion: 328 kcal • 14,9 g E • 23 g F • 13,1 g KH

2 Portionen
Zubereitung: 2 Min.
Rührdauer: 9 Min.

60 g Mandeln
300 g Milch (oder Pflanzendrink)
40 g Haferkleie
½ TL Zimtwürzer (s. S. 15)
10 g Erythrit

1. Mandeln im Mixtopf **10 Sek./Stufe 10/mit MB** mahlen. Mit dem Spatel nach unten schieben.
2. Restliche Zutaten zufügen und **8 Min./90 °C/Stufe 1.5/ohne MB** köcheln lassen. Noch warm oder kalt verspeisen.

Ein paar Mandelsplitter sehen zur Dekoration toll aus. Dazu schmecken Orangen- oder Mandarinenspalten besonders gut!

Tag 2: Mittagessen

Salat von grünen Bohnen mit Fetakäse und Walnüssen

Pro Portion: 686 kcal • 26 E • 39 g F • 14 g KH

1 Portion
Zubereitung: 12 Min.
Rührdauer: 31 Min.
Marinierdauer: 10 Min.

30 g Walnüsse
200 g grüne Bohnen, geputzt
600 g Wasser
1 TL Salz
1 Prise Natron
20 g Schalotte, halbiert
1 Knoblauchzehe, geschält
20 g Walnuss- oder Olivenöl
15 g Weißwein- oder Apfelessig
5 g Senf, mittelscharf
1 Prise Pfeffer
⅓ TL Salz
1 Prise Bohnenkraut oder Thymian, gerebelt
100 g milder Fetakäse

1. Die Walnüsse im Mixtopf **3 Sek./Stufe 6/mit MB** grob hacken und umschütten.
2. Die Bohnen in 4–5 cm lange Stücke schneiden und in den Gareinsatz füllen.
3. Wasser, Salz und Natron in den Mixtopf wiegen. Gareinsatz einhängen und **30 Min./100 °C/Stufe 1/mit MB** kochen.
4. Gareinsatz mithilfe des Spatels herausnehmen, Bohnen in eine Schüssel geben. Mixtopf leeren.
5. Salatmarinade anrühren: Schalotte und Knoblauch im Mixtopf **5 Sek./Stufe 5/mit MB** zerkleinern. Restliche Zutaten außer dem Feta zufügen und **15 Sek./Stufe 4/mit MB** mischen. Abschmecken, evtl. nachwürzen und über die Bohnen gießen, dann durchmischen. 10 Min. lang durchziehen lassen.
6. Den Feta in kleine Bröckchen krümeln und zusammen mit den Walnüssen darüber verteilen, dann servieren.

Tag 2: Abendessen

Garnelen mit Spargel

Pro Portion: 511 kcal • 29 g E • 18 g F • 11 g KH

2 Portionen
Zubereitung: 15 Min.
Rührdauer: 36 Min.

500 g große Garnelen (King Prawns), frisch oder TK, aufgetaut
1 Knoblauchzehe, fein gehackt
20 g Olivenöl
1 EL fein geschnittener Schnittlauch
1 Prise Salz
1 kräftige Prise Pfeffer
1 TL Paprikapulver
1 EL Zitronensaft
500 g Wasser
500 g Spargel, geputzt und geschält, frisch oder TK (45 Min. angetaut)
1 TL Erythrit
½ TL Bio-Gemüsebrühe, instant
1 Prise Pfeffer, frisch gemahlen
35 g Butter
Schalenabrieb von ⅓ Bio-Zitrone
1 MB Riesling (oder anderer trockener Weißwein)
2 MB Gemüsebrühe (oder 2 MB Wasser und 20 g Asia-Basispaste, s. S. 12)

1. Die Garnelen unter fließendem Wasser abwaschen und in einem Sieb abtropfen lassen.
2. Knoblauch, Olivenöl, Schnittlauch, Salz, Pfeffer, Paprikapulver und Zitronensaft in einer Schüssel miteinander mischen und die Garnelen zugeben. Gut durchmischen und ziehen lassen.
3. Einen Bogen Backpapier in den Varoma legen, den Spargel darauf setzen. Erythrit, Gemüsebrühpulver und Pfeffer darüber streuen, Butter in Stücken sowie die Zitronenschale darauf verteilen und das Backpapier so weit wie möglich zufalten. Wasser einwiegen, Varoma auf den Mixtopf setzen.
4. **25 Min./Varoma/Stufe 2** garen (gefrorener Spargel je nach Dicke eventuell 5 Min. länger). Varoma herunterheben und auf einen Teller setzen, Mixtopf leeren.
5. Rühraufsatz einstecken.
6. Garnelen in den Mixtopf umschütten, Riesling und Gemüsebrühe (bzw. Wasser und Asia-Basispaste) zuschütten, Varoma wieder aufsetzen und alles **11 Min./Varoma/Linkslauf/Stufe 1** kochen. Testen, ob der Spargel weich ist, ansonsten noch 2 Min. nachgaren (je nach Dicke der Stangen).
7. Soße der Garnelen mit Salz und Pfeffer abschmecken. Mit dem Spargel zusammen servieren.

Tag 3: Frühstück

Selbst gemachter Frischkäse

Pro Portion: pikant: 202 kcal • 10,9 g E • 20,8 g F • 16 g KH;
süß: 241 kcal • 10,9 g E • 20,7 g F • 24,6 g KH

2 Portionen (ca. 150 g)
Zubereitung: 5 Min.
Rührdauer: 11 Min.
Abtropfzeit: 45–60 Min.

1 l Frischmilch, 3,5 % Fett
30 g Zitronensaft, frisch gepresst
1 Prise Meersalz
sauberes Mull- oder Baumwolltuch

Dieser Frischkäse sollte bereits am Abend vorher zubereitet werden.

Falls die Milch am Boden etwas anbrennen sollte, den Mixtopf auseinander bauen, anfeuchten und 1 TL Natron oder Backpulver auf die angebrannten Stellen streuen. Nach 30 Min. Einwirkzeit einfach mit einem Schwamm wegputzen. Gründlich spülen.

1. Die Milch im **Mixtopf 9 Min./100 °C/Stufe 2.5/ohne MB** kochen.
2. Zitronensaft und Salz zugeben und nochmals **2 Min./100 °C/Stufe 2/ohne MB** kochen lassen.
3. Ein Sieb mit dem vorher leicht angefeuchteten Tuch auslegen und die Käsemasse hineinschütten, die Molke dabei auffangen (evtl. für den Molke-Sanddorn-Drink, S. 89, weiterverwenden).
4. Leicht auspressen, den Käse 45–60 Min. darin abtropfen lassen, dann in eine Schüssel füllen und über Nacht im Kühlschrank auskühlen lassen.

Pikante Variante:

Frischkäse zerkrümeln, mit Salz, Pfeffer und etwas Paprikapulver sowie 10 g gehackten frischen Kräutern mischen.

Süße Variante:

1 Apfel (70 g) schälen, Kernhaus entfernen. In Stücke schneiden, mit 1 EL Zitronensaft und 2 TL Erythrit im Mixtopf **8 Sek./Stufe 9/mit MB** mixen, mit dem Spatel nach unten schieben. Frischkäse zugeben und **12 Sek./Stufe 4/Linkslauf/mit MB** mischen.

Tag 3: Mittagessen

Gefüllte Champignons mit Pinienkernen

Pro Portion: 449 kcal • 33,75 g E • 32 g F • 10,5 g K

2 Portionen
Zubereitung: 30 Min.
Rührdauer: 29 Min.

100 g Karotten, geschält, in groben Stücken
50 g Zwiebel, in Vierteln
50 g reife Tomate
200 g Rinderhackfleisch
25 g Tomatenmark
15 g Senf, mittelscharf
25 g Gemüse-Basispaste (s. S. 10)
30 g Pinienkerne
Salz
Pfeffer
400 g Riesen-Champignonköpfe (ca. 6 Stück), geputzt und entstielt
600 g Wasser
60 g junger Rucola, gewaschen
40 g Crème fraîche

1. Karotten, Zwiebel und Tomate im Mixtopf **6 Sek./Stufe 8/mit MB** hacken. Rinderhack, Tomatenmark, Senf, Gemüse-Basispaste und Pinienkerne zugeben und **1 Min./Teigstufe/ohne MB** mischen. Leicht salzen, kräftig pfeffern, mit dem Spatel nochmals kurz verrühren.
2. Die Pilzköpfe mit der Masse füllen. Den Varoma mit Backpapier auslegen und die Pilze darauf setzen.
3. 600 g Wasser in den Mixtopf wiegen, mit dem Deckel verschließen, Varoma aufsetzen. Einlegeboden leicht einölen, in den Varoma einhängen. Aus der restlichen Füllung kleine Klößchen formen und darauf setzen. Deckel aufsetzen und **26 Min./Varoma/Stufe 1.5** garen.
4. Varoma auf einen Teller setzen.
5. Mixtopf spülen. Rucola (evtl. etwas davon auf die Seite legen, hacken und zum Bestreuen verwenden), Crème fraîche und den ausgetretenen Saft im Varoma im Mixtopf **15 Sek./Stufe 8/mit MB** mixen, salzen und pfeffern.
6. Die Champignons mit den Fleischbällchen und der Soße, evtl. mit dem gehackten restlichen Rucola bestreut, servieren.

Tag 3: Abendessen

Lachs-Gurken-Salat mit Eiern

Pro Portion: 573 kcal • 39 g E • 28 g F • 8,5 g KH

2 Portionen
Zubereitung: 12 Min.
Rührdauer: 13 Min.

4 Eier, Größe M
500 g Wasser
400 g Bio-Salatgurke
100 g Radieschen, geputzt
20 g Weißweinessig
35 g Olivenöl
30 g Joghurt, natur, 3,5 % Fett
5 g Senf, mittelscharf
½ TL Salz
2 Prisen Pfeffer, frisch gemahlen
1 EL gehackte frische Kräuter nach Wunsch (z. B. Dill)
100 g geräucherter Wildlachs

1. Eier mit einem Eierstecher einmal anstechen. In den Garkorb legen, diesen in den Mixtopf einhängen und das Wasser einwiegen. **12 Min./100 °C/ Stufe 2/mit MB** kochen. Eier herausnehmen, in kaltem Wasser 1 Min. lang abschrecken, anschließend schälen, dann vierteln.
2. Salatgurke gründlich abwaschen und abtrocknen, in dünne Scheiben hobeln (mitsamt der Schale, außer man mag diese nicht) und auf 2 Teller verteilen.
3. Radieschen im Mixtopf **3 Sek./Stufe 6/mit MB** hacken, auf die Teller geben.
4. Restliche Zutaten bis auf den Lachs im Mixtopf **20 Sek./Stufe 3/mit MB** mischen, nach Wunsch abschmecken und über den Salat gießen.
5. Lachs in mundgerechte Stücke schneiden und mit den Eiern dazugeben.

Tag 4: Frühstück

Omelett mit Sardinen

Pro Portion: 434 kcal • 36,5 g E • 29,4 g F • 6,2 g KH

2 Portionen
Zubereitung: 10 Min.
Rührdauer: 17 Min.

4 Eier, Größe M
40 g Milch, 3,5 % Fett
⅓ TL Salz
1 TL scharfer Senf
1 Prise Pfeffer
1 Prise Paprikapulver
400 g Wasser
25 g Lauchzwiebeln, in feinen Ringen
1 Dose Sardinenfilets (ohne Haut und Gräten) in Öl, Abtropfgewicht 90 g
60 g Cocktailtomaten, in Vierteln

Wer mag, isst dazu 1 Scheibe Eiweißbrot, s. S. 34.

Wer keine Sardinen mag, verwendet stattdessen 100 g gewürfelten Kochschinken oder 100 g Krabbenfleisch.

1. Eier, Milch, Salz und Senf im Mixtopf **10 Sek./Stufe 4/mit MB** mischen.
2. Einen Bogen Backpapier oval zuschneiden, sodass er etwa 4 cm über den Boden des Varoma steht. Mit Wasser anfeuchten und hineinlegen.
3. Die Eiermasse hineingießen, mit Pfeffer und Paprika bestreuen.
4. Mixtopf spülen, Wasser einwiegen, Varoma aufsetzen und **8 Min./Varoma/Stufe 1.5** garen.
5. Lauchzwiebeln auf dem Omelett verteilen, Varoma wieder verschließen und nochmals **8 Min./Varoma/Stufe 1.5** kochen.
6. Das Omelett in 2 Teile schneiden und auf Teller setzen.
7. Sardinen aus der Dose nehmen, dabei das Öl möglichst gründlich abtropfen lassen.
8. Die Sardinen und die Tomatenstücke auf die Teller verteilen und servieren.

Tag 4: Mittagessen

Karotten-Kürbiscreme-Suppe mit Mandelsahne

Pro Portion: 233 kcal • 8,9 g E • 16,9 g F • 12 g KH

2 Portionen
Zubereitung: 5 Min.
Rührdauer: 11 Min.
Einweichzeit: 4 Std.

60 g Mandeln
Wasser
100 g Kürbisfruchtfleisch (Hokkaido- oder Muskatkürbis), in Stücken
125 g Karotten, geschält, in Stücken
5 g Ingwer, geschält
25 g Gemüse-Basispaste (s. S. 10) und 350 g Wasser (oder 350 g Gemüsesuppe und ½ TL Salz)
Salz
Pfeffer
1 Prise Muskatnuss, frisch gerieben

Die Suppe lässt sich auch mit derselben Menge Cashewnüsse zubereiten, hat dann aber mehr Kohlenhydrate.

1. 50 g von den Mandeln 6 Std. lang in Wasser einweichen (alle sollten gut bedeckt sein), das Wasser dann abschütten. Restliche Mandeln grob hacken und beiseitestellen. Die eingeweichten Mandeln mit 1 MB Wasser im Mixtopf **10 Sek./Stufe 10/mit MB** mixen. Mit dem Spatel nach unten schieben, falls nötig, und wiederholen, sodass eine dick-cremige »Sahne« entsteht. In eine kleine Schüssel umfüllen.
2. Kürbis, Karotten, Ingwer und Gemüse-Basispaste (oder Gemüsebrühe mit Salz) in den Mixtopf geben und **5 Sek./Stufe 6/mit MB** mixen. Mit dem Wasser aufgießen und **10 Min./100 °C/Stufe 1/mit MB** kochen.
3. Auf den MB ein dickes Tuch legen und die Suppe cremig pürieren: **20 Sek./Stufe 10/mit MB**. Nochmals **5 Min./100 °C/Stufe 1/ohne MB** kochen.
4. Mit Salz und Pfeffer abschmecken.
5. In Suppenteller verteilen, je die Hälfte der Mandelsahne dazugeben, mit frisch geriebenem Muskat und den gehackten Mandeln bestreuen.

Tag 4: Abendessen

Zartes Rinderragout mit Gemüse

Pro Portion: 476 kcal • 51,2 g E • 23,7 g F • 15,2 g KH

2 Portionen
Zubereitung: 30 Min.
Rührdauer: 30 Min.

60 g rote Zwiebel, geviertelt
1 Knoblauchzehe, geschält
30 g Olivenöl
450 g Rindersteaks vom Jungbullen, gut abgehangen
200 g rote Paprika, in kleinen Stücken (1 x 1 cm)
200 g Steckrüben, in kleinen Stücken (1 x 1 cm)
50 g Karotten, in dünnen Scheiben
100 g Cocktailtomaten, gewaschen
100 g Weißwein, halbtrocken
Salz
Pfeffer

1. Zwiebel und Knoblauch im Mixtopf **5 Sek./Stufe 5/mit MB** hacken, mit dem Spatel nach unten schieben. 15 g vom Öl zugeben und **3 Min./120 °C/Stufe 1/ohne MB** dünsten.
2. Steaks waschen, trocken tupfen und in ca. 2 x 1 cm große Stücke schneiden.
3. Zu den Zwiebeln geben und **5 Min./120 °C/Linkslauf/Stufe 1/ohne MB** braten. In eine Schüssel umschütten, dabei möglichst viele Zwiebeln im Mixtopf lassen.
4. Paprika und restliches Öl im Mixtopf **4 Min./120 °C/Linkslauf/Stufe 1/ohne MB** dünsten.
5. Steckrüben, Karotten und Tomaten (im Ganzen) zugeben und den Fleischsaft der Rindersteaks dazuschütten. **12 Min./100 °C/Linkslauf/Stufe 1/mit MB** kochen lassen.
6. Die Fleischstücke und den Wein zufügen und alles nochmals **5 Min./100 °C/Linkslauf/Stufe 1/mit MB** rühren.
7. Kräftig salzen, pfeffern und servieren.

Tag 5: Frühstück

Schoko-Powerdrink mit Avocado

Pro Portion: 114 kcal • 3 g E • 10,25 g F • 30,5 g KH

2 Portionen
Zubereitung: 5 Min.
Rührdauer: 2 Min.

10 g Kakaopulver, entölt
100 g Avocado, in Stücken
350 g Mandeldrink, ungesüßt
10 g Erythrit
1 TL Mandeln, gehobelt

1. Kakaopulver in den Mixtopf wiegen. Avocado in Stücken zugeben, **5 Sek./Stufe 7/mit MB** zerkleinern.
2. Mit dem Mandeldrink aufgießen, Erythrit zugeben, **30 Sek./Stufe 10/mit MB** mixen.
3. In Gläser schütten und mit den gehobelten Mandeln bestreut servieren.

Tag 5: Mittagessen

Kohltopf mit Geflügelwürstchen

Pro Portion: 380 kcal • 20,5 g E • 30,5 g F • 13,5 g KH

2 Portionen
Zubereitung: 5 Min.
Rührdauer: 31 Min.

400 g Spitzkohl, geputzt
15 g Olivenöl
1 Prise Kümmel, gemahlen oder ganz
1 Prise Pfeffer
1 Prise Erythrit
40 g Gemüse-Basispaste (s. S. 10)
600 g Gemüsebrühe oder Wasser
250 g Geflügelwiener
Salz
1 EL Schnittlauchröllchen

Statt der Würstchen eignet sich auch klein geschnittener Räuchertofu.

1. Spitzkohl in dünne Streifen schneiden. Mit dem Olivenöl und dem Kümmel in den Mixtopf geben und **3 Min./Varoma/Linkslauf/Stufe 1/ohne MB** andünsten.
2. Pfeffer, Erythrit und Gemüse-Basispaste zufügen, mit der Gemüsebrühe oder dem Wasser aufgießen und **25 Min./100 °C/Linkslauf/Stufe 1/ohne MB** kochen.
3. Würstchen in 2 cm lange Stücke aufschneiden, zugeben und **3 Min./85 °C/Linkslauf/Stufe 1/mit MB** erhitzen. Mit Salz abschmecken, den Schnittlauch darüber streuen und servieren.

Tag 5: Abendessen

Lachssteak mit Brokkoli-Rosenkohl-Gemüse

Pro Portion: 360 kcal • 38,2 g E • 15 g F • 13,4 g KH

2 Portionen
Zubereitung: 15 Min.
Rührdauer: 30–32 Min.

300 g Rosenkohl, geputzt
600 g Wasser
1 TL Salz
2 Lachssteaks, 300 g
Salz
Pfeffer
1 TL Schalenabrieb von 1 Bio-Zitrone
1 Prise Chilipulver
100 g Karotten, geputzt
300 g Brokkoliröschen
10 g Olivenöl
etwas frischer Dill (oder andere frische Kräuter)

1. Rosenkohl in den Gareinsatz geben, Wasser einwiegen, Salz zufügen und **12 Min./Varoma/Stufe 2/mit MB** kochen.
2. Lachssteaks waschen, salzen und pfeffern. Mit der Zitronenschale und dem Chilipulver bestreut in einen Bogen Backpapier flach einwickeln und in den Varoma geben.
3. Die Karotten mit einem scharfen Messer in sehr dünne Scheiben schneiden. Brokkoliröschen und Karottenscheiben neben den Fisch legen, mit dem Öl beträufeln, leicht salzen und pfeffern.
4. Varoma auf den Mixtopf setzen und alles zusammen **18–20 Min./Varoma/Stufe 1.5** dämpfen. Nach 18 Min. nachsehen, ob der Rosenkohl fertig ist (je nach Größe der Röschen noch 2 Min. lang nachdämpfen).
5. Dill (oder andere Kräuter) fein hacken.
6. Fisch mit dem Gemüse und dem Dill bestreut servieren.

Tag 6: Frühstück

Belegte Brote

1 Portion
Zubereitung: 3 Min.

2 Scheiben Eiweißbrot mit je 35 g (Rezept s. unten)
belegt mit:
5 g Butter, 50 g Hühnerschinken und 10 g Kresse
oder:
80 g Emmentalerscheiben, Salz und Pfeffer
oder:
30 g Frischkäse, darauf jeweils 25 g Low-Carb-Marmelade (s. S. 90)

Pro Portion: mit Schinken und Kresse: 209 kcal • 22 g E • 12 g F • 4 g KH;
mit Emmentaler: 420 kcal • 14 g E • 15 g F • 5 g KH;
mit Frischkäse und Marmelade: 235 kcal • 14 g E • 15 g F • 14 g KH

Eiweißbrot aus dem Varoma

18 Scheiben zu je 35 g
Zubereitung: 5 Min.
Rührdauer: 44 Min.

100 g Mandeln
80 g Weizenkleie
20 g Sonnenblumenkerne
1 TL Backpulver
½ TL Salz
3 Eier, Größe M
250 g Magerquark
700 g Wasser

Außerdem:
Kastenform, passend für Varoma (z. B. Dr. Oetker, 18–19 cm lang)
Hitzebeständige Frischhaltefolie (z. B. mikrowellengeeignet)

Je Scheibe (35 g): 114 kcal • 10,52 g E • 5,26 g F • 3,8 g KH

1. Die Mandeln im Mixtopf **1 Min./Stufe 10/mit MB** mahlen und mit dem Spatel nach unten schieben. Restliche trockene Zutaten zufügen und **15 Sek./Stufe 3.5/ohne MB** mischen.
2. Eier und Magerquark zufügen und **2 Min./Teigknetstufe/ohne MB** rühren. Die Kastenform mit der Frischhaltefolie auslegen, den Teig mit dem Spatel hineingeben und mit der Folie umwickeln, sodass kein Wasserdampf hineingelangen kann.
3. Wasser in den Mixtopf füllen, Varoma aufsetzen, Backform hineinstellen. Falls die Form nicht ganz passt und nicht gerade steht, legt man 2 Gabeln nebeneinander nach unten in den Varoma und stellt die Backform dann darauf.
4. **40 Min./Varoma/Stufe 1.5** garen.
5. Form aus dem Varoma nehmen, mit einem Küchentuch abtrocknen. Folie entfernen, sodass möglichst wenig Kondenswasser auf das Brot tropft. In der Form abkühlen lassen.

Dieses Brot wird im Kühlschrank aufbewahrt, da es Eier und Quark enthält. Wer es nicht innerhalb von 3 Tagen verspeist, sollte es in Scheiben geschnitten einfrieren und bei Bedarf auftauen.

Tag 6: Mittagessen

Cremige Topinambursuppe mit Rosmarin

Pro Portion: 290 kcal • 6,4 g E • 17,5 g F • 14,75 g KH

2 Portionen
Zubereitung: 8 Min.
Rührdauer: 24 Min.

100 g Schalotten, geschält, halbiert
10 g Olivenöl
400 g Bio-Topinambur, gewaschen, in Stücken
5 Nadeln frischer Rosmarin, fein gehackt
400 g Geflügelfond oder
400 g Wasser und 5 g Hühnersuppenpulver
30 g Gemüse-Basispaste (s. S. 10)
100 g Crème fraîche
Pfeffer, evtl. Salz
nach Belieben 10 g Gemüsechips aus Roter Bete, Karotten, Topinambur oder Sellerie als Topping

1. Schalotten im Mixtopf **5 Sek./Stufe 5/mit MB** zerkleinern und mit dem Spatel nach unten schieben. Olivenöl zufügen und **3 Min./Varoma/Stufe 1/ohne MB** dünsten.
2. Topinambur und Rosmarin zugeben und **4 Sek./Stufe 8/mit MB** hacken.
3. Geflügelfond (oder Wasser und Hühnersuppenpulver) und Gemüse-Basispaste hineingeben und **20 Min./100 °C/Stufe 1.5/mit MB** garen. Crème fraîche hineingeben. Messbecher aufsetzen, mit einem dicken Handtuch abdecken und **20 Sek./Stufe 10/mit MB** pürieren.
4. Mit Pfeffer und Salz abschmecken und ggf. mit den Gemüsechips bestreut servieren.

Bio-Topinambur müssen nicht geschält werden, das spart viel Arbeit und erhält die in der Schale zahlreich vorhandenen Vitamine. Wer keine Bioware bekommen kann, sollte sie jedoch schälen.

Dazu schmecken auch 100 g Nordseekrabbenfleisch (gut unter kaltem Wasser spülen).

Tag 6: Abendessen

Kohlrollen aus dem Varoma mit Blumenkohlreis

Pro Portion: 714 kcal • 47,5 g E • 48 g F • 12 g KH

2 Portionen
Zubereitung: 10 Min.
Rührdauer: 75 Min.

600 g Blumenkohl, in Stücken (ohne Strunk)
60 g Lauchzwiebeln, in 1 cm breite Stücke geschnitten
300 g Hackfleisch, Rind und Schwein gemischt
100 g Zwiebelmett
10 g scharfer Senf
Pfeffer
20 g Gemüse-Basispaste (s. S. 10)
2 Eier, Größe M
4 große oder 8 kleinere Blätter Chinakohl (ca. 300 g)
Salz
800 g Wasser
200 g Kokosmilch (alternativ Schlagsahne)
1 TL Gemüsebrühpulver oder zusätzlich 15 g Gemüse-Basispaste (s. S. 10)

1. Blumenkohl im Mixtopf **30 Sek./Stufe 5/unter Zuhilfenahme des Spatels** zerkleinern und umfüllen.
2. Lauchzwiebeln im Mixtopf **6 Sek./Stufe 5/mit MB** hacken. Hackfleisch, Zwiebelmett, Senf, etwas Pfeffer, Gemüse-Basispaste und Eier zugeben und **1 Min./Teigknetstufe/ohne MB** kneten.
3. Varoma mit einem Bogen Backpapier auslegen.
4. Die Hackmasse in 4 (oder 8) Portionen aufteilen und jeweils eine Portion auf die größere Seite eines Chinakohlblattes setzen, dann aufrollen und in den Varoma setzen. Einlegeboden leicht ölen und Blumenkohlreis darauf verteilen, salzen und pfeffern.
5. Mixtopf spülen, Wasser einwiegen.
6. Varoma aufsetzen, **70 Min./Varoma/Stufe 1.5** garen.
7. Dann Varoma auf einen Teller setzen, Mixtopf leeren.
8. Angesammelte Garflüssigkeit in den Mixtopf schütten, Kokosmilch (oder Schlagsahne), Gemüsebrühpulver (oder Gemüse-Basispaste) und Pfeffer zugeben. **3 Min./Varoma/Stufe 1/ohne MB** einkochen.
9. Die Kohlrollen mit dem Blumenkohlreis und der Soße servieren.

Wer mag, streut noch 1 EL gehackte Kräuter darüber.

Tag 7: Frühstück

Low-Carb-Schokomüsli

Pro Portion (ohne Joghurt, Beeren etc.): 224 kcal • 8,1 g E • 18,5 g F • 5 g KH

400 g, 8 Portionen à 50 g
Zubereitung: 4 Min.
Rührdauer: 1 Min.

200 g Mandeln, ganz
40 g Sonnenblumenkerne
20 g Flohsamenschalen
50 g Kokosflocken
15 g Kakaopulver, entölt
5 g Zimtwürzer (s. S. 15)
85 g Erythrit

1. Mandeln, Sonnenblumenkerne, Flohsamenschalen und Kokosflocken im Mixtopf **40 Sek./Stufe 10/mit MB** zerkleinern. Mit dem Spatel nach unten schieben.
2. Restliche Zutaten zugeben und **20 Sek./Stufe 4/ohne MB** mischen.
3. In ein Glas abfüllen und innerhalb von 4–6 Wochen aufbrauchen.
4. Je eine Portion (50 g) mit Skyr, Naturjoghurt oder Magerquark nach Wunsch anrühren. Wer mag, gibt noch 1 kleine Portion (75 g) Beeren dazu.

Tag 7: Mittagessen

Asiatischer Gemüsetopf mit zartem Rind

Pro Portion: 290 kcal • 36,5 g E • 12,5 g F • 9 g KH

2 Portionen
Zubereitung: 20 Min.
Rührdauer: 26 Min.

300 g Rinderhüfte
10 g Sojasoße
10 g Sesamöl
200 g Zucchini, geputzt
100 g Karotten, geschält
100 g Chinakohl, in feinen Streifen
100 g aromatische Tomaten, in Stücken
30 g Lauchzwiebeln, in 1 cm breite Stücke geschnitten
30 g Asia-Basispaste (S. S. 12)
600 g Wasser und 5 g Rinderbouillon (Suppenpulver) oder 600 g Geflügelfond
Pfeffer
Salz
10 Stängel Koriandergrün, die Blätter davon grob gehackt

1. Das Fleisch abwaschen, trocken tupfen und quer zur Faser in sehr dünne Scheiben aufschneiden (ca. 3–4 mm). In einer Schüssel mit der Sojasoße und dem Sesamöl beträufeln und durchmischen.
2. Gemüse in kleine Stücke schneiden (ca. 1 x 2 cm).
3. Das Gemüse bis auf den Chinakohl mit der Asia-Basispaste, dem Wasser und der Rinderbouillon (oder dem Geflügelfond) aufgießen und **20 Min./100 °C/Linkslauf/Stufe 0.5/mit MB** kochen. Chinakohlstreifen zufügen und **5 Min./100 °C/Linkslauf/Stufe 0.5/mit MB** garen.
4. Etwas Pfeffer nach Geschmack zugeben.
5. Das Rindfleisch hineingeben und **30 Sek./Linkslauf/Stufe1/ohne MB** mischen. Es gart sofort zart, wenn es richtig dünn geschnitten ist, und muss nicht mehr kochen. Nach Geschmack salzen.
6. Das Koriandergrün in Suppenschüsseln verteilen, mit der Suppe auffüllen und sofort servieren.

Tag 7: Abendessen

Zucchinispaghetti mit Schmelztomaten, Basilikum und Fetakäse

Pro Portion 344 kcal • 21 g E • 22,5 g F • 7,5 g KH

2 Portionen
Zubereitung: 12 Min.
Rührdauer: 25 Min.

500 g Zucchini, geputzt
10 g Olivenöl
Salz
Pfeffer
5 g Knoblauch, geschält
150 g Cocktailtomaten, in Hälften
500 g Wasser
200 g Fetakäse
1 Handvoll Basilikumblätter, gewaschen

1. Zucchini mit einem Spiralschneider in Spaghettiform zuschneiden (alternativ in 2 mm dünne Scheiben schneiden).
2. Varoma mit einem Blatt Backpapier auslegen, Zucchininudeln darauflegen, mit Olivenöl beträufeln, salzen und pfeffern. Knoblauch pressen und mit den Tomatenhälften darauf verteilen. Deckel schließen, Wasser in den Mixtopf einwiegen, Varoma aufsetzen und **25 Min./Varoma/ Stufe 1.5** garen.
3. In der Zwischenzeit Feta klein würfeln.
4. Zucchininudeln mit dem Feta und den Basilikumblättern bestreuen und servieren.

MIT FLEISCH UND GEFLÜGEL

Schweinefilet im Kräutermantel mit Steckrüben und Würfelspecksoße

Pro Portion: 481 kcal • 14 g E • 30,5 g F • 12,5 g KH

2 Portionen
Zubereitung: 15 Min.
Rührdauer: 28 Min.

400 g Schweinefilet, pariert, am Stück
Salz
Pfeffer
50 g Pesto (s. S. 68)
400 g Steckrübe, geschält
600 g Wasser
1 TL Salz
50 g Würfelspeck (nach Wunsch)
40 g Sahne

1. Schweinefilet im Ganzen auf ein Backpapier setzen, leicht salzen und pfeffern, dann mit dem Pesto einstreichen. Backpapier zusammenfalten und in den Varoma legen.
2. Die Steckrübe in etwa 1 cm dicke Streifen aufschneiden und in den Garkorb legen.
3. Wasser in den Mixtopf einwiegen, Salz zugeben, Garkorb einhängen, Deckel aufsetzen. Varoma mit dem Schweinefilet aufsetzen und verschließen. **22 Min./Varoma/Stufe 1.5** garen.
4. Varoma auf einen Teller stellen, Garkorb herausnehmen, Kochwasser wegschütten. Fleisch und Steckrüben warm halten.
5. Speckwürfel in den Mixtopf geben und **6 Min./120 °C/Linkslauf/Stufe 1/ohne MB** dünsten. Nach 3 Min. die Sahne durch die Deckelöffnung zugießen. Mit Salz und Pfeffer nach Wunsch abschmecken.
6. Mit dem in Scheiben geschnittenen Filet und den Steckrüben servieren.

Putenspieße mit Satésoße, Low-Carb-Reis und Paprikagemüse

Pro Portion: 869 kcal • 65,2 E • 43 F • 25,3 KH

2 Portionen
Zubereitung: 20 Min.
Rührdauer: 26 Min.

Für die Marinade:
30 g Sojasoße, hell
30 g Chilisoße, süßsauer
15 g Sesamöl, geröstet
15 g Limettensaft
½ TL Koriander, gemahlen
1 Prise Chiliflocken
10 g junger Knoblauch, halbiert

400 g Putenfilet, in Stücken von 1–2 cm
300 g rote Paprika, gewürfelt (1 x 1 cm)
1 Prise Chiliflocken
1 Prise Salz
Pfeffer
10 g Olivenöl
700 g Wasser
200 g Konjak-»Reis« (Abtropfgewicht)
2–3 Stängel Koriandergrün, optional

Für die Satésoße:
100 g Erdnüsse, geröstet und gesalzen
5 g Olivenöl
50 g Asia-Basispaste (s. S. 12)
25 g Fischsoße
15 g Limettensaft
225 g Kokosmilch (1 Dose, 400 ml)
1 Prise Pfeffer
30 g Erythrit

1. Die Zutaten für die Marinade im Mixtopf **10 Sek./Stufe 4/mit MB** mischen.
2. Putenstücke auf die Spieße stecken (nicht zu dicht, je etwa 4–5 Stücke).
3. Ein Stück Backpapier für den Einlegeboden passend zuschneiden, sodass etwa 1 cm vom Rand übersteht, aber die Seitenschlitze nicht verdeckt werden. Die Putenspieße nun darauflegen und mit der Marinade von allen Seiten einpinseln. 30 Min. marinieren lassen. Restliche Marinade umfüllen und beiseitestellen. Mixtopf spülen.
4. Die Erdnüsse im Mixtopf **10 Sek./Stufe 10/mit MB** hacken.
5. Restliche Zutaten für die Satésoße zufügen und **6 Min./Varoma/Stufe 2/ohne MB** kochen. Mit Pfeffer und Erythrit abschmecken (soll etwas süßlich schmecken) und umfüllen.
6. Paprika in den geölten Varoma geben, Chiliflocken darüber streuen, leicht salzen und pfeffern, Öl darüber geben. Einlegeboden mit den Putenspießen einhängen. Wasser in den Mixtopf messen, Deckel aufsetzen und Varoma mit Einlegeboden aufsetzen. Mit dem Deckel verschließen und **20 Min./Varoma/Stufe 1.5** dämpfen.
7. In der Zwischenzeit den Konjakreis in den Gareinsatz schütten und diesen dann in eine Schüssel mit kaltem Wasser stellen, mehrfach spülen, dann absieben.
8. Gareinsatz mit dem »Reis« in den Mixtopf einhängen und **5 Min./Varoma/Stufe 1.5** garen.
9. Die Spieße mit den Paprika, dem »Reis« und der Satésoße servieren. Wer mag, streut noch ein paar Korianderblättchen darüber.

Wer sehr salzempfindlich ist, stellt die Satésoße nur mit gerösteten, aber nicht gesalzenen Erdnüssen her und salzt dann nach Belieben.

Alternativ zur Asia-Basispaste kann man auch 20 g Zitronengras (nur der weiße Teil, in Stücken), 10 g frischen Knoblauch (geschält), 10 g frischen Ingwer (geschält) und 25 g Lauchzwiebeln (in Stücken) im Mixtopf **7 Sek./Stufe 7/mit MB** hacken und verwenden. Die Zubereitung verlängert sich dann um etwa 8 Min..

Maispoularde mit Fenchelgemüse und Kokoscreme

Pro Portion: 531 kcal • 40 g E • 64 g F • 11 g KH

2 Portionen
Zubereitung: 10 Min.
Rührdauer: 30 Min.

500 g Fenchelknollen mit Grün
350 g Maispoulardenbrust
25 g Kokos-Würzöl (alternativ 1 Prise Cayennepfeffer, 2 TL gemischte getrocknete Kräuter und 20 g Öl)
Salz
1 Prise Pfeffer
500 g Wasser
15 g Gemüse-Basispaste (s. S. 10)
200 ml Kokosmilch, dick

1. Fenchel waschen, dicke Stiele abschneiden, Strunk schräg herausschneiden, Knollen vierteln (sehr große Knollen in 6 Teile schneiden).
2. Poulardenbrust waschen, Fett entfernen, Fleisch in etwa 2 cm dicke Streifen aufschneiden.
3. Varoma mit einem Blatt Backpapier auslegen, die Streifen darauf setzen. Mit dem Kokos-Würzöl beträufeln und mithilfe einer Gabel durchmischen, bis alles gewürzt ist.
4. Fenchelstücke sowie die abgeschnittenen Stiele um das Fleisch herum legen und alles leicht salzen und pfeffern.
5. Wasser einwiegen und mit ½ TL Salz würzen. Mixtopf verschließen, Varoma darauf geben und Deckel aufsetzen. **25 Min./Varoma/Stufe 1.5** garen. Varoma auf einen Teller stellen, Mixtopf ausleeren.
6. 200 g der gedämpften Fenchelstiele sowie die dickeren Fenchelschalen in den Mixtopf geben und **10 Sek./Stufe 8/mit MB** mixen. Gemüse-Basispaste und Kokosmilch, abgegossenen Fleischsaft aus dem Varoma sowie etwas Pfeffer zugeben und wiederholen. Danach **4 Min./120 °C/ Stufe 1/ohne MB** einkochen. Mit Salz und Pfeffer abschmecken.
7. Mit dem übrigen Fenchel und dem Poulardenfleisch servieren.

Rindersteaks mit Gemüse

Pro Portion: 368 kcal • 49 g E • 18,5 g F • 8,5 g KH

2 Portionen
Zubereitung: 18 Min.
Rührdauer: 25 Min.

400 g Rinderhüftsteaks (2 Stück)
½ TL Rosmarinnadeln, gehackt
½ TL Thymian, gehackt
½ TL Oregano, getrocknet
½ TL Senf
20 g Olivenöl
Pfeffer
300 g Zucchini, geputzt
100 g Tomaten, in Stücken
50 g Lauchzwiebeln, in 2 cm breite Stücke geschnitten
100 g Babyspinat, gewaschen
15 g Knoblauchzehen, geschält (möglichst junger Knoblauch)
Salz
500 g Wasser

1. Steaks 1 Std. vorher aus dem Kühlschrank nehmen. Waschen, trocken tupfen. Rosmarin, Thymian und Oregano mit dem Senf und der Hälfte vom Olivenöl in einer Tasse mischen, damit das Fleisch einstreichen, pfeffern. Jeweils einzeln in 1 Stück Backpapier oder hitzebeständige Frischhaltefolie einwickeln, dann in den Varoma-Einlegeboden legen.
2. Zucchini in 2 mm dicke Scheiben schneiden oder mit einem Spiralschneider in Spaghettiform zuschneiden.
3. Varomaboden leicht einölen, Gemüse mit den ganzen Knoblauchzehen hineingeben. Mit dem restlichen Olivenöl beträufeln, salzen und pfeffern.
4. Wasser in den Mixtopf messen, Deckel und Varoma aufsetzen. Mit dem Deckel verschließen und **15 Min./Varoma/Stufe 1.5** dämpfen.
5. Die Steaks mit dem Einlegeboden in den Varoma einsetzen und weitere **10 Min./Varoma/Stufe 1** kochen.
6. Die Steaks dann herausnehmen und abgedeckt ein paar Minuten ruhen lassen.
7. In der Zwischenzeit das Gemüse abschmecken und auf Tellern anrichten. Fleisch aufschneiden, darauf setzen und servieren.

Für ein medium-gegartes Steak nach 9 Min. Garzeit mit einem Bratenthermometer die Temperatur messen: zwischen 58 und 60 °C sollte es haben. Ist es bereits so weit (je nach Dicke der Steaks variiert die Dauer), den Einlegeboden mit den Steaks herunternehmen.

Zitronenhähnchen mit Karotten-Petersilienwurzel-Stampf

Pro Portion: 670 kcal • 74,5 g E • 34,5 g F • 21,5 g KH

2 Portionen
Zubereitung: 15 Min.
Rührdauer: 46 Min.

Für das Hähnchen:

700 g Hähnchenkeulen (4–5 Stück)
200 g Stangensellerie, in 0,5 cm dicke Stücke geschnitten
65 g rote Zwiebeln, in Scheiben
1 Bio-Zitrone, in 8 Stücke geschnitten
2 EL Petersilie, gehackt (evtl. TK)
2 Prisen Thymian, getrocknet oder frisch
50 g Wermut (z. B. Cinzano)
10 g Paprikapulver
20 g Olivenöl
Pfeffer
Salz

Für den Stampf:

250 g Karotten, geschält, in 0,5 cm dicke Scheiben geschnitten
120 g Petersilienwurzeln, geschält, in 0,5 cm dicke Scheiben geschnitten
800 g Wasser
15 g Gemüsepaste
10 g Olivenöl
Salz
Pfeffer

1. Die Keulen waschen und mit Küchenpapier trocknen. Mit einem Messer die Haut aufschneiden, dann rundherum abziehen und mit einer Schere abschneiden.
2. Keulen mit den restlichen Zutaten in eine große Schüssel geben und gut miteinander vermischen. Varoma mit Backpapier auslegen, die Hähnchen-Gemüse-Mischung dazugeben. Backpapier so weit wie möglich zufalten und Deckel aufsetzen, sodass das Papier nicht aus dem Varoma herausschaut.
3. Karotten- und Pastinakenstücke in den Garkorb geben. Wasser in den Mixtopf einwiegen, Gemüsepaste zugeben.
4. Garkorb einhängen, Varoma aufsetzen, **45 Min./Varoma/Stufe 1.5** garen.
5. Danach Varoma auf einen Teller stellen. Garkorb mithilfe des Spatels herausnehmen.
6. Kochwasser auffangen, 75 g davon wieder in den Mixtopf wiegen. Karotten und Petersilienwurzeln zugeben sowie Olivenöl und etwas Salz und Pfeffer und **10 Sek./Stufe 8/mit MB** mixen. Nach Geschmack nachwürzen.
7. Mit den Keulen und dem gedämpften Gemüse und evtl. etwas Soße aus dem Backpapier servieren.

Roastbeefröllchen mit grünem Spargel

Pro Portion: 390 kcal • 55 g E • 10,5 g F • 13 g KH

2 Portionen
Zubereitung: 12 Min.
Rührdauer: 23 Min.

500 g grüner Spargel, im unteren Drittel geschält
5 g Erythrit
10 g Olivenöl
500 g Wasser
1 TL Salz
50 g Gewürzgurken (Cornichons), halbiert
100 g Apfel, geschält, in Stücken
200 g Naturjoghurt, 3,5 % Fett
Salz
Pfeffer
300 g Roastbeef, in dünnen Scheiben
ein paar Blätter glatte Petersilie

Sind die Roastbeefscheiben sehr dünn oder klein, legt man vor dem Füllen zwei übereinander oder überlappend.

Auch als Frühstück geeignet (am Abend vorher den Spargel kochen).

1. Spargel in den Varoma legen, Erythrit und Öl darauf verteilen.
2. Wasser in den Mixtopf wiegen, Salz zugeben. Varoma aufsetzen, **22 Min./ Varoma/Stufe 1.5** garen. Varoma auf einen Teller setzen, Spargel auskühlen lassen. Mixtopf spülen und trocknen.
3. Gewürzgurken im Mixtopf **4 Sek./Stufe 4/mit MB** zerkleinern und umfüllen. Apfel im Mixtopf **5 Sek./Stufe 3.5/mit MB** zerkleinern. Gurken und Joghurt zugeben und **15 Sek./Stufe 2/Linkslauf/ohne MB** mischen. Mit Salz und Pfeffer nach Wunsch würzen.
4. Spargelstangen halbieren. Auf je 1 Scheibe Roastbeef zwei Hälften mittig legen und aufrollen. Auf Teller geben, die Soße und die Petersilienblätter darauf verteilen. Mit etwas Salz und Pfeffer bestreuen und servieren.

Guinness-Topf

Pro Portion: 615 kcal • 50 g E • 25,4 g F • 24,5 g KH

2 (–3) Portionen
Zubereitung: 45 Min.
Rührdauer: 31 Min.

500 g hohe Rippe vom Rind (Fehlrippe, nicht Hochrippe!)
150 g Zwiebeln, geschält
20 g Butter
1 EL Tomatenmark
0,5 l Guinness (dunkles irisches Bier)
200 g Cocktailtomaten, halbiert
300 g Karotten, geschält
100 g Petersilienwurzeln, geschält
200 g Stangensellerie, geputzt
1 ½ MB Rinder- oder Gemüsefond
25 g Gemüse-Basispaste (s. S. 10)
1 Prise Thymian, getrocknet
½–¾ TL Salz
2 Prisen Pfeffer

Je nachdem, wie lange das Fleisch abgehangen ist, kann sich die Kochzeit um etwa 10 Min. verlängern. Bei Bedarf mit etwas Fond (oder Wasser) verlängern.

1. Rindfleisch von Fett und Sehnen befreien und in 1 x 2 cm große Würfel schneiden.
2. Die Zwiebeln halbieren und im Mixtopf **5 Sek./Stufe 5/mit MB** hacken. Butter und Tomatenmark zugeben und **3 Min./120 °C/Stufe 0.5/ohne MB** dünsten.
3. Fleisch dazugeben und **3.30 Min./Varoma/Linkslauf/Stufe 1/ohne MB** garen. Mit dem Guiness aufschütten und **30 Min./100 °C/Linkslauf/Stufe 1/ohne MB** garen.
4. In der Zwischenzeit das Gemüse klein würfeln (bis auf die Tomaten). Mit dem Fond, der Gemüse-Basispaste und dem Thymian zum Fleisch geben und **20 Min./100 °C/Linkslauf/Stufe 1/ohne MB** weitergaren.
5. Mit Salz und Pfeffer abschmecken und servieren.

Kalbfleisch-Lauchtopf in Tomatensoße mit grünem Gemüse

Pro Portion: 465 kcal • 88 g E • 21,5 g F • 22,5 g KH

2 Portionen
Zubereitung: 15 Min.
Rührdauer: 32 Min.

300 g Kohlrabi, geschält (2 Stück)
Salz
200 g Lauch, geputzt (1 Stange)
150 g Pak Choi (2 Stück, alternativ Chinakohl)
50 g Zwiebel, geschält (1 Stück)
1 Knoblauchzehe, geschält
20 g Olivenöl
350 g falsches Filet vom Kalb, pariert
1 Zweig Rosmarin
1 Dose Tomaten, stückig (400 g)
200 g Rinderbrühe **oder**
200 g Wasser und 10 g Rindersuppenpulver
½ MB Rotwein, halbtrocken
40 g Sojasoße
30 g Low-Carb-Grillsoße (s. S. 14)
10 g Sesamöl
Pfeffer
nach Belieben 1 TL Guarkernmehl zum Binden

1. Kohlrabi halbieren und in knapp 0,5 cm dicke Scheiben schneiden, in den Varoma legen und leicht salzen.
2. Lauchstangen längs halbieren, dann quer in 0,5 cm dicke Scheiben schneiden und in den Gareinsatz geben. Pak Choi waschen und längs halbieren (oder Chinakohl waschen und in Streifen schneiden).
3. Zwiebel vierteln und mit dem halbierten Knoblauch im Mixtopf **4 Sek./Stufe 5/mit MB** hacken. Öl zufügen und **4 Min./120 °C/Stufe 1/ohne MB** dünsten.
4. In der Zwischenzeit das Fleisch klein würfeln (ca. 1 x 2cm). Zugeben und **3 Min./120 °C/Linkslauf/Stufe 1/ohne MB** anbraten.
5. Mit den abgezupften Rosmarinnadeln, den Tomaten aus der Dose, der Rinderbrühe (oder dem Wasser und Rindersuppenpulver) sowie dem Wein ablöschen. Deckel aufsetzen, Varoma mit den Kohlrabistücken aufsetzen und mit dem Deckel verschließen. **8 Min./Varoma/Linkslauf/Stufe 1** garen. Gareinsatz mit dem Lauch einhängen und weitere **7 Min./Varoma/Linkslauf/Stufe 1** garen.
6. Die Hälfte der Sojasoße mit dem Sesamöl im MB mischen und 1 Prise Pfeffer einrühren. Pak Choi in den Varoma auf den Kohlrabi legen und mit der Marinade beträufeln. Varoma wieder aufsetzen und alles nochmals **7 Min./Varoma/Linkslauf/Stufe 1** dämpfen. Danach Varoma auf einen tiefen Teller setzen.
7. Den Gareinsatz mithilfe des Spatels herausziehen und ebenfalls auf einem Teller absetzen (tropft).
8. Die restliche Sojasoße mit der Low-Carb-Grillsoße zum Fleisch geben, mit dem Spatel verrühren und mit Salz und Pfeffer abschmecken. Wer mag, gibt nun das Guarkernmehl durch ein feines Sieb hinein und rührt es währenddessen mit einer Gabel schnell ein (es klumpt sehr schnell).
9. Evtl. nun den Lauch einrühren. Mit dem Pak Choi und dem Kohlrabi servieren.

Tandoori-Huhn mit Minz-Dip

Pro Portion: 399 kcal • 42,5 g E • 15 g F • 19,3 KH

2 Portionen
Zubereitung: 45 Min.
Rührdauer: 31 Min.
Marinierdauer: 30 Min.

Für die Filets:

350 g Hähnchenbrustfilets
200 g Karotten, geschält
150 g rote Paprika, geputzt (1 mittelgroße)
70 g Lauchzwiebeln, geputzt
75 g Romana-Salatherz (ca. 1 Stück)
1 EL Olivenöl
Salz
Pfeffer
700 g Wasser

Für die Marinade für die Filets:

15 g frischer Ingwer, geschält
10 g Knoblauchzehen, geschält
1 kleine getrocknete Chili
2 gehäufte TL Paprikapulver
1 TL Koriandersamen
1 TL Kreuzkümmelsamen
12 Pfefferkörner
150 g Joghurt, 3,5 % Fett
20 g Zitronensaft (2 EL)
10 g Olivenöl

Für den Dip:

150 g Joghurt, 3,5 % Fett
10 g Zitronensaft (1 EL)
½ EL gehackte frische Minze
10 g fein geschnittene Lauchzwiebel
½ TL Xylit
Salz
Pfeffer

1. Die Hühnerfilets waschen und mit Küchenkrepp trocken tupfen. Fett entfernen und der Länge nach jeweils halbieren, dann in eine Schüssel geben.
2. Ingwer und Knoblauch grob schneiden und mit den Gewürzen für die Marinade im Mixtopf **15 Sek./Stufe 10/mit MB** hacken. Mit einem Küchenpinsel nach unten streifen. Joghurt, Zitronensaft und Öl zugeben und nochmals **20 Sek./Stufe 4/mit MB** mischen. Mit dem Pinsel nochmals durchrühren, damit sich auch unter dem Messer befindliche Gewürzpaste mit dem Joghurt mischt. Über die Hähnchenfilets gießen und mischen, sodass alles bedeckt ist. Im Kühlschrank 30 Min. lang durchziehen lassen.
3. Karotten und Paprika eventuell mithilfe eines Gemüseschneiders gleichmäßig fein würfeln und auf dem Varoma-Einsatzboden verteilen. Lauchzwiebeln fein schneiden und mit dem halbierten Salatherz dazugeben. Mit dem Olivenöl beträufeln, salzen und pfeffern.
4. Wasser in den Mixtopf einwiegen. Deckel und darauf den Varoma aufsetzen, mit Backpapier auslegen. Das fertig marinierte Hähnchen mitsamt der Marinade darauf geben und das Backpapier zu einem Päckchen zusammenfalten, sodass ein paar der Lüftungsschlitze frei bleiben.
5. Den Einlegeboden einsetzen, mit dem Deckel verschließen und **30 Min./Varoma/Stufe 1.5** garen.
6. In der Zwischenzeit den Dip anrühren: Alle Zutaten in einer Schüssel vermischen, mit Salz und Pfeffer abschmecken und im Kühlschrank durchziehen lassen.
7. Das fertig gedämpfte Hähnchenfleisch mit dem Gemüse und etwas vom ausgetretenen Saft und dem Dip servieren.

Schweinefiletspieße mit Ananas-Chutney und würzigem Paprika-Chinakohl

Pro Portion: 465 kcal • 49 g E • 20,5 g F • 37,5 g KH

2 Portionen
Zubereitung: 40 Min.
Rührdauer: 39 Min.

Für das Chutney:
100 g Ananasfruchtfleisch, frisch
10 g Knoblauchzehen, geschält
10 g Ingwer, geschält
10 g Olivenöl
1 EL Apfelessig
40 g Erythrit
¾ TL Johannisbrotkernmehl
½ MB Wasser
1 Prise Salz
1 Msp. Pfeffer

Für die Filetspieße:
400 g Schweinefilet, gut pariert
20 g Sesamöl, geröstet
Salz
Pfeffer
nach Belieben ½ TL Grillgewürz
200 g Paprika, rot, in Stücken (ca. 2 x 3 cm)
300 g Chinakohl, gewaschen und geputzt
1 Prise Chiliflocken
40 g Sojasoße
700 g Wasser

Außerdem:
3–4 Schaschlikspieße

1. Für das Chutney das Ananasfruchtfleisch klein würfeln, Knoblauch und Ingwer fein hacken.
2. Alles mit dem Öl im Mixtopf **12 Min./100 °C/Linkslauf/Stufe 1/ohne MB** kochen. Apfelessig und das Erythrit zugeben. Johannisbrotkernmehl mit ½ MB kaltem Wasser mit einer Gabel glatt anrühren und zufügen. **4 Min./100 °C/Stufe 1/mit MB** aufkochen, mit Salz und Pfeffer abschmecken und in eine Servierschüssel umfüllen. Mixtopf spülen.
3. Schweinefilet in Stücke von etwa 3 x 3 cm schneiden. In eine Schüssel geben und mit 10 g vom Öl, etwas Salz und Pfeffer sowie nach Wunsch dem Grillgewürz würzen und gut vermischen. Fleischstücke dann abwechselnd mit den Paprikastücken auf die Spieße fädeln.
4. Einlegeboden einfetten und die Spieße nebeneinander darauf setzen.
5. Chinakohl in dünne Streifen schneiden. Restliche Paprika klein würfeln. Ein Stück Backpapier in den Varoma geben, sodass es etwa 2 cm über den unteren Rand hinausragt. Chinakohl und Paprika darauf geben. Mit den Chiliflocken bestreuen, restliches Öl und die Sojasoße darüber träufeln.
6. Wasser in den Mixtopf messen, Varoma auf den geschlossenen Mixtopf setzen, Einlegeboden mit dem Spießen einhängen, mit dem Deckel verschließen und **20 Min./Varoma/Stufe 1.5** garen.
7. Mit dem Ananas-Chutney servieren.

Asiatisches Gemüse mit Schweinefleisch

Pro Portion: 455 kcal • 58 g E • 16,5 g F • 24,5 g KH

2 Portionen
Zubereitung: 10 Min.
Rührdauer: 23 Min.

300 g Schweinefilet, pariert (ohne Sehnen und Fett)
10 g geröstetes Sesamöl
25 g helle Sojasoße
150 g Paprika, rot, in Streifen
300 g Pak Choi (alternativ Chinakohl), geputzt
15 g Asia-Basispaste (s. S. 12)
250 g Gemüsefond
Salz
Pfeffer

1. Das Schweinefilet quer zur Faser in hauchdünne Scheiben aufschneiden. Mit dem Sesamöl und der Sojasoße in einer Schüssel gründlich vermischen und ruhen lassen.
2. Paprika und Pak Choi (oder Chinakohl) in den Mixtopf geben, Asia-Basispaste und Gemüsefond dazu schütten und alles **15 Min./100 °C/Linkslauf/Stufe 1/ohne MB** rühren.
3. Das Fleisch mit der Marinade zugeben und **8 Min./Varoma/Linkslauf/Stufe 1/mit MB** kochen.
4. Mit Salz und Pfeffer nach Wunsch würzen und servieren.

Wer mag, streut noch je 1 EL Röstzwiebeln auf das Gericht.

Spitzkohlgulasch mit Kasslerfleisch

Pro Portion: 466 kcal • 36 g E • 18,5 g F • 20 g KH

2 Portionen
Zubereitung: 8 Min.
Rührdauer: 29 Min.

300 g Kasslerfleisch, ohne Fett und Knochen
100 g Zwiebeln, geschält, halbiert
500 g Spitzkohl, von der Spitze her abgeschnitten
10 g Pflanzenöl
5 g Kreuzkümmel (oder Kümmel)
20 g Gemüse-Basispaste (s. S. 10)
10 g Paprikapulver
Pfeffer
Salz
400 g Gemüsesuppe
evtl. etwas frische Petersilie

1. Kassler in Würfel von etwa 1 x 1 cm Größe aufschneiden.
2. Zwiebel im Mixtopf **5 Sek./Stufe 5/mit MB** hacken.
3. 350 g vom Spitzkohl in Stücken zugeben und **5 Sek./Stufe 4/mit MB** hacken. Mit dem Spatel nach unten schieben und wiederholen, bis der Kohl grob gehackt ist.
4. Restlichen Spitzkohl in dünne Streifen schneiden und mit dem Öl zugeben.
5. **5 Min./120 °C/Linkslauf/Stufe 1/ohne MB** dünsten.
6. Gewürze zugeben und mit der Suppe aufgießen.
7. **15 Min./100 °C/Linkslauf/Stufe 1/mit MB** kochen.
8. Die Fleischwürfel zugeben und nochmals **8 Min./100 °C/Linkslauf/Stufe 1/mit MB** weiter garen. Eventuell nachwürzen.
9. Nach Belieben mit etwas Petersilie bestreuen.

Putencurry mit Champignons und Tomaten

Pro Portion: 540 kcal • 47 g E • 11,5 g F • 14,5 g KH

2 Portionen
Zubereitung: 15 Min.
Rührdauer: 25 Min.

100 g Karotten, in 3-mm-Scheiben
400 g weiße Champignons, in Stücken
150 g Tomaten, in Stücken
400 ml Kokosmilch (1 Dose)
1 MB Wasser
1 TL gelbe Currypaste
15 g Asia-Basispaste (s. S. 12)
5 g Erythrit
Salz oder Sojasoße nach Belieben
300 g Putenfilet
Pfeffer
evtl. etwas Thai-Basilikum

1. Rühraufsatz einstecken, Karotten, Champignons und Tomaten in den Mixtopf geben. Kokosmilch, Wasser, Currypaste und Asia-Basispaste zufügen und alles **15 Min./100 °C/Linkslauf/Stufe 1/ohne MB** garen. Erythrit und etwas Salz oder Sojasoße hineingeben.
2. Pute in kleine Stücke schneiden. In das Curry geben und alles **10 Min./ 100 °C/Linkslauf/Stufe 0.5/ohne MB** kochen. Mit Pfeffer abschmecken. Nach Wunsch mit Thai-Basilikum garniert servieren.

Hühnerbrustfilet im Gemüsebett

Pro Portion: 282 kcal • 45,5 g E • 4,05 g F • 14,5 g KH

2 Portionen
Zubereitung: 20 Min.
Rührdauer: 30 Min.

300 g Karotten, geschält
100 g Petersilienwurzeln, geschält
5 g Erythrit
1 Prise Salz
1 Prise Pfeffer
1 TL Olivenöl
850 g Wasser
350 g Hühnchenbrustfilets
250 g Ochsenherzen (Tomaten), geputzt
25 g Schalotten, geschält
20 g Kürbiskernöl
¼ TL Rauchsalz
40 g Baby-Rucola

1. Karotten und Petersilienwurzeln gleich groß würfeln (ca. 0,5 x 1 cm, z. B. mithilfe des Genius Nicer Dicer). In den Garkorb geben und Erythrit, Salz, Pfeffer und Olivenöl darüber geben.
2. Wasser in den Mixtopf füllen, Garkorb einsetzen, Mixtopfdeckel aufschrauben. Varoma mit einem Blatt Backpapier auslegen.
3. Fleisch abwaschen, Fett entfernen, Fleisch in Streifen schneiden und auf das Backpapier legen.
4. Ochsenherzen grob würfeln, Schalotten fein schneiden, beides zugeben.
5. Kürbiskernöl, Rauchsalz und Pfeffer zugeben und mit zwei Esslöffeln alles gut miteinander vermengen. Das Backpapier zu einem Päckchen formen, die Enden miteinander verzwirbeln. Varoma aufsetzen und mit dem Deckel verschließen. Alles **35 Min./Varoma/Stufe 2** garen, zwischendurch das Fleisch umrühren (je nach Größe der Fleischstücke kann sich die Kochzeit etwas verringern oder verlängern).
6. Rucola in der Zwischenzeit waschen, trocken schütteln, evtl. größere Blätter grob hacken.
7. Hähnchenfleisch mit dem Gemüse auf Teller verteilen, Rucola darüber streuen und servieren.

Zwiebelkuchen Low Carb

Pro Portion: 493 kcal • 46,5 g E • 91 g F • 17,5 g KH

2 Portionen
Zubereitung: 15 Min.
Rührdauer: 61 Min.

400 g Zwiebeln, in Vierteln
45 g Butterschmalz
4 Eier, Größe M
200 g Schmand
50 g Mandelmehl (alternativ gemahlene Mandeln)
80 g Räucherschinkenwürfel
1 Knoblauchzehe, durchgedrückt
10 g Petersilie, gehackt (evtl. TK)
5 g Salz
½ TL Kümmel
800 g Wasser

1. Zwiebeln im Mixtopf **5 Sek./Stufe 5/mit MB** zerkleinern. Mit dem Spatel nach unten schieben. Butterschmalz zugeben und **10 Min./Varoma/Linkslauf/Stufe 1/ohne MB** dünsten.
2. 1 Bogen Backpapier mit Wasser anfeuchten, ausdrücken und den Varoma damit auslegen.
3. Restliche Zutaten zu den Zwiebeln geben und **30 Sek./Linkslauf/Stufe 3/ohne MB** mischen. Auf das Backpapier in den Varoma gießen und die überstehenden Enden vom Backpapier wegschneiden.
4. Wasser in den Mixtopf wiegen, Varoma aufsetzen und **50 Min./Varoma/Stufe 1.5** garen. Varoma herunterheben und Deckel abnehmen. Zwiebelkuchen ausgekühlt oder noch lauwarm genießen (vorsichtig aufschneiden).

Wer mag, macht sich noch einen grünen Salat mit einer Vinaigrette oder einem Joghurtdressing dazu.

Wer einen runden Zwiebelkuchen will, schüttet die Masse in eine gefettete Springform (18 cm) und backt ihn dann wie oben aufgeführt im Varoma.

VEGETARISCH

Zucchinirollen mit Käse

Pro Portion: 511 kcal • 34 g E • 38,5 g F • 14,5 g KH

2 Portionen
Zubereitung: 10 Min.
Rührdauer: 24 Min.

1 große Zucchini, ca. 300 g
100 g Zwiebeln, geschält, in Vierteln
2 Knoblauchzehen, geschält
15 g Olivenöl
1 Prise Kreuzkümmelpulver
1 Prise Chilipulver
1 gehäufter TL Paprikapulver
1 Prise Salz
1 Prise Pfeffer
200 g Käsescheiben (z. B. Emmentaler)
500 g Wasser
etwas frische Petersilie

1. Zucchini waschen, Enden abschneiden und mit einem Gemüsehobel längs in 12 dünne Scheiben schneiden, die sich gut aufrollen lassen.
2. Restliche Zucchini, Zwiebeln und Knoblauch im Mixtopf **5 Sek./Stufe 5/ mit MB** hacken.
3. Olivenöl und Gewürze zufügen und **3 Min./Varoma/Stufe 1/ohne MB** anschwitzen, mit dem Spatel nach unten schieben.
4. Käse in 12 lange Streifen schneiden, möglichst so breit wie die Zucchini.
5. Varoma mit einem Bogen Backpapier auslegen.
6. Die Zucchinistreifen einzeln salzen und pfeffern und je 1 TL der Füllung darauf verteilen. 1 Käsescheibe darauflegen und aufrollen. Nebeneinander auf das Backpapier setzen. Wasser in den Mixtopf geben, Varoma aufsetzen und **20 Min./Varoma/Stufe 1.5** garen. Mit der Petersilie bestreut servieren.

Lauchtopf mit Käse und Muskatnuss

Pro Portion: 451 kcal • 15,5 g E • 38,5 g F • 14,5 g KH

2 Portionen
Zubereitung: 10 Min.
Rührdauer: 23 Min.

25 g Parmesan am Stück
1 Zwiebel, geschält, in Vierteln
10 g Kokosöl
400 g Lauch, in Stücken
100 g Pastinake, geputzt, in Stücken
25 g Gemüse-Basispaste (s. S. 10)
300 g Gemüsebrühe oder Wasser
150 g Frischkäse
Salz
Pfeffer
etwas Muskatnuss, frisch gerieben

1. Parmesan im Mixtopf **10 Sek./Stufe 8/mit MB** zerkleinern, umfüllen.
2. Zwiebel im Mixtopf **5 Sek./Stufe 5/mit MB** hacken und mit dem Spatel nach unten schieben. Kokosöl zugeben und **3 Min./Varoma/Stufe 1/ohne MB** dünsten.
3. Lauch und Pastinakenstücke zugeben und **10 Sek./Stufe 7/mit MB** zerkleinern. Gemüse-Basispaste und Gemüsebrühe oder Wasser zufügen und alles **20 Min./100 °C/Stufe 1/mit MB** kochen.
4. Frischkäse und Parmesan zugeben, auf Wunsch nochmals pürieren: **30 Sek./Stufe 10/mit MB.**
5. Mit Salz, Pfeffer und dem frisch geriebenen Muskat abschmecken und servieren.

Varoma-Gemüse mit Räuchertofu und Cashewcreme

Pro Portion: 629 kcal • 36,5 g E • 56 g F • 32 g KH

2 Portionen
Zubereitung: 20 Min.
Rührdauer: 36–38 Min.

100 g Karotten, geschält
120 g Petersilienwurzeln, geschält
200 g rote Spitzpaprika, geputzt
120 g Kohlrabi, geschält
130 g grüne Bohnen, geputzt
1 junge Knoblauchzehe, in Stücken
150 g Cocktailtomaten, halbiert
¼ TL Salz
1 Prise Pfeffer
15 g Olivenöl
600 g Wasser
300 g Räuchertofu
80 g Cashewnüsse (natur)
15 g Asia-Basispaste (s. S. 12)
Pfeffer und Salz nach Belieben

1. Karotten und Petersilienwurzeln in sehr dünne Scheiben schneiden.
2. Spitzpaprika längs halbieren, dann vierteln und die Stücke in maximal 1 cm breite Streifen schneiden.
3. Kohlrabi in 0,5 cm dicke Scheiben schneiden.
4. Varoma mit einem Bogen Backpapier auslegen und das Gemüse darauf verteilen.
5. Grüne Bohnen sowie Knoblauch dazugeben, Tomatenhälften darauf setzen, salzen, pfeffern und mit dem Olivenöl beträufeln.
6. Wasser in den Mixtopf einwiegen, Deckel und dann Varoma aufsetzen, verschließen und **35 Min/Varoma/Stufe 1.5** kochen. Räuchertofu in größere Stücke schneiden und während der letzten 5 Min. in den Varoma auf das Gemüse legen und erhitzen.
7. Varoma herunterheben und auf einen Teller setzen. Testen, ob das Gemüse weich genug ist, sonst ein paar Minuten lang nachgaren.
8. Kochwasser in einer Tasse auffangen.
9. Cashews in den Mixtopf geben und **10 Sek./Stufe 10/mit MB** mixen. Das Kochwasser zugeben und auf 200 g mit Wasser verlängern, wenn nötig. Die Asia-Basispaste zufügen und nochmals **15 Sek./Stufe 7/mit MB** feincremig mixen. **2 Min./100 °C/Stufe 2/ohne MB** erhitzen, mit Salz und Pfeffer abschmecken.
10. Gemüse mit dem Tofu und der Cashewcreme servieren.

Noch feincremiger wird die Cashewcreme, wenn man die Nüsse 4-6 Std. lang in Wasser einweicht. Abschütten und die Kochflüssigkeit für die Soße auf insgesamt 120-150 g reduzieren.

Wer mehr Kohlenhydrate einsparen möchte, verwendet statt der Cashews blanchierte Mandeln.

Gemüsespirellos mit geschmolzenem Mozzarella und Pesto

Pro Portion: 720 kcal • 33,5 g E • 58 g F • 15,5 g KH

2 Portionen
Zubereitung: 10 Min.
Rührdauer: 22 Min.

Für das Pesto:
50 g Pinienkerne
10 g junge Knoblauchzehen, geschält
35 g Basilikum (alternativ Petersilie), gewaschen und trocken geschüttelt
90 g Olivenöl
Schalenabrieb von ⅓ Bio-Zitrone
Salz
Pfeffer
1 Prise Erythrit

Für die Spirellos:
200 g Karotten, geschält
500 g mittelgroße Zucchini, ohne Endstücke
Salz
Pfeffer
700 g Wasser

250 g Mozzarella (Abtropfgewicht)

1. Für das Pesto die Pinienkerne und den halbierten Knoblauch in den Mixtopf geben und **8 Sek./Stufe 10/mit MB** hacken, mit dem Spatel nach unten schieben. Basilikum bis auf ein paar Blätter für die Deko zugeben und nochmals **8 Sek./Stufe 8/mit MB** mixen, dann wieder nach unten schieben.
2. Olivenöl sowie den Zitronenabrieb zufügen und erneut **15 Sek./Stufe 6/mit MB** pürieren. Mit Salz, Pfeffer und ggf. dem Erythrit (besonders, wenn das Pesto etwas bitter schmeckt) würzen. In eine kleine Schüssel umfüllen.
3. Karotten und Zucchini mit einem Spiralschneider in feine Spiralstreifen bzw. Spaghettistreifen schneiden und in den mit Backpapier ausgelegten Varoma geben. Leicht salzen und pfeffern.
4. Wasser in den Mixtopf einwiegen, mit dem Deckel verschließen und dann Varoma samt Deckel aufsetzen. **15 Min./Varoma/Stufe 1.5** garen.
5. Den Mozzarella abtropfen lassen und in dicke Scheiben schneiden. Über die Gemüsestreifen legen und **6 Min./Varoma/Stufe 1.5** schmelzen lassen.
6. Mit der Hälfte vom Pesto beträufeln und evtl. mit noch ein paar Basilikumblättern servieren.

Die übrige Hälfte vom Pesto hält sich ein paar Tage lang im Kühlschrank in einem Schraubgläschen frisch. Oder einfach einfrieren.

Mangoldgemüse mit Gorgonzola-Walnuss-Soße

Pro Portion: 650 kcal • 18 g E • 58 g F • 16 g KH

2 Portionen
Zubereitung: 20 Min.
Rührdauer: 34 Min.

35 g Walnüsse
70 g Zwiebeln, in Vierteln
15 g Olivenöl
100 g Schlagsahne
15 g Asia-Basispaste (s. S. 12)
½ MB Wasser
500 g Wasser
1 TL Salz
500 g Mangold, gewaschen und in feinen Streifen
150 g Gorgonzola mit Mascarpone
Salz
schwarzer Pfeffer

1. Walnüsse im Mixtopf **4 Sek./Stufe 4/mit MB** hacken und umfüllen.
2. Zwiebeln im Mixtopf **5 Sek./Stufe 5/mit MB** zerkleinern und mit dem Spatel nach unten schieben. Olivenöl zugeben und **4 Min./Varoma/ Stufe 0.5/ohne MB** dünsten. Schlagsahne und Asia-Basispaste zufügen und **2 Min./Varoma/Stufe 1.5/ohne MB** kochen, dann umschütten.
3. Mit ½ MB Wasser den Mixtopf ausschwenken und dieses zur Soße geben.
4. 500 g Wasser in den Mixtopf einwiegen und Salz zugeben.
5. Mangold im Varoma verteilen, aufsetzen und **23 Min./Varoma/Stufe 1.5** garen. Varoma auf einen Teller stellen.
6. Gorgonzola (bis auf ein paar kleine Stücke), Soße und Walnüsse in den Mixtopf schütten und **3 Min./100 °C/Stufe 4/mit MB** kochen.
7. Mit Salz und Pfeffer kräftig abschmecken.
8. Mangoldgemüse hineingeben und **1 Min./Varoma/Linkslauf/Stufe 0.5/ohne MB** erhitzen.
9. In Suppenteller füllen und nach Wunsch mit ein paar Walnüssen und den restlichen Gorgonzolastücken bestreut servieren.

Wer Mangold nicht bekommen kann oder nicht mag, kann das Gericht stattdessen auch mit 500 g in 1 cm Ringe geschnittenem Lauch oder 500 g TK-Blattspinat (aufgetaut) zubereiten.

Paprikasuppe mit Mandel-Klößchen

Pro Portion: 1094 kcal • 51 g E • 90 g F • 22,5 g KH

2 Portionen mit je 2 Tellern Suppe
(+ zusätzliche 4 Teller Suppe ohne Klößchen für einen Zwischendurch-Snack)
Zubereitung: 15 Min.
Rührdauer: 52 Min.

160 g Mandeln, mit Schale
20 g Olivenöl
5 g Knoblauchpulver (alternativ 2 zerdrückte Zehen)
1 Prise Salz
1 Prise Pfeffer
1 Prise Muskatnuss
2 Eier, Größe L
40 g Zwiebeln, geviertelt
10 g Olivenöl
150 g gelbe Paprika, in Stücken
300 g rote Paprika, in Stücken
40 g Gemüse-Basispaste (s. S. 10) oder 40 g Gemüsebrühpulver
1350 g Wasser
ein paar Basilikumblätter

Klößchenteig:

1. Mandeln im Mixtopf **10 Sek./Stufe 10/mit MB** mahlen.
2. Rühraufsatz einstecken. 20 g Olivenöl, Knoblauchpulver (oder zerdrückte Zehen), Salz, Pfeffer und Muskatnuss sowie die Eier zugeben und **3 Min./Stufe 3.5/mit MB** rühren. In eine Schüssel mithilfe eines Spatels umfüllen und 30 Min. zum Quellen in den Kühlschrank stellen. Mixtopf spülen.

Suppe:

1. Zwiebel im Mixtopf **5 Sek./Stufe 5/mit MB** zerkleinern und mit dem Spatel nach unten schieben. Restliches Öl zugeben und **3 Min./Varoma/Stufe 0.5/ohne MB** dünsten.
2. In der Zwischenzeit die Paprika in grobe Stücke schneiden. Zur Zwiebel geben und **5 Min./Varoma/Stufe 1/ohne MB** garen.
3. **10 Sek./Stufe 4.5/mit MB** zerkleinern. Gemüse-Basispaste (oder Gemüsebrühpulver) zugeben, Garkorb einhängen und mit dem Wasser aufgießen. **20 Min./100 °C/Stufe 1/mit MB** kochen. Suppe pfeffern.
4. Danach die Klößchen aus dem Teig formen: Etwa 12 walnussgroße Klößchen mit nassen Händen (Teig ist recht weich) drehen, zwischendurch die Hände wieder anfeuchten. Die Klößchen direkt in den Garkorb geben und **20 Min./95 °C/Stufe 1.5/mit MB** ziehen lassen. Garkorb mithilfe des Spatels herausziehen und auf einem Teller abstellen. Die Klößchen in Suppenteller verteilen. Die Suppe abschmecken, eventuell etwas Salz und Pfeffer zugeben und über die Klößchen geben. Mit ganzen oder gehackten Basilikumblättern servieren.

Blumenkohlcremesuppe mit Cheddar und Petersilie

Pro Portion: 467 kcal • 18,5 g E • 37 g F • 10,5 g KH

2 Portionen
Zubereitung: 10 Min.
Rührdauer: 26 Min.

70 g Zwiebeln, geviertelt
10 g Olivenöl
400 g Blumenkohl, in kleinen Stücken
400 g Gemüsefond
20 g Gemüse-Basispaste (s. S. 10, alternativ 10 g Gemüsesuppenpulver)
1 MB Weißwein
100 g Schlagsahne
Salz
schwarzer Pfeffer
100 g Cheddarkäse, gerieben
etwas frische Petersilie, evtl. gehackt

1. Zwiebeln im Mixtopf **5 Sek./Stufe 5/mit MB** zerkleinern und mit dem Spatel nach unten schieben. Olivenöl zugeben und **3 Min./Varoma/Stufe 0.5/ohne MB** dünsten.
2. Blumenkohlstücke, Gemüsefond und Gemüse-Basispaste zufügen und **20 Sek./Stufe 5/mit MB** zerkleinern, dann **18 Min./100 °C/Stufe 1/ohne MB** kochen. Weißwein und Schlagsahne zugeben und **30 Sek./Stufe 10/mit MB** mixen (Handtuch auf den Deckel legen). Anschließend **4 Min./Varoma/Stufe 0.5/ohne MB** einkochen.
3. Mit Salz und Pfeffer abschmecken.
4. In Suppenteller verteilen und mit dem Cheddar und der Petersilie bestreut servieren.

MIT FISCH

Leckere Garnelen auf Zucchini-Spaghetti

Pro Portion: 602 kcal • 60,5 g E • 33 g F • 10 g KH

2 Portionen
Zubereitung: 20 Min.
Rührdauer: 30 Min.

- 80 g rote Zwiebeln, geschält und in Stücken
- 25 g Olivenöl
- 400 g Zucchini, mittelgroß, Enden entfernt
- Salz
- Pfeffer
- 20 g Butter, in kleinen Stücken
- 500 g Wasser
- 600 g Garnelen (King Prawns mit Schale, empfehlenswert sind easy peel), evtl. TK, aufgetaut
- 15 g Kokos-Gewürzöl (s. S. 13)
- 2 MB Weißwein
- 20 g Zitronensaft
- optional 1 Knoblauchzehe, fein gehackt
- 10 g frische Petersilie, gehackt

Wer mag, gart mit den Zucchininudeln noch 150 g Cocktailtomaten mit.

1. Zwiebeln im Mixtopf **5 Sek./Stufe 5/mit MB** zerkleinern. Olivenöl zugeben und **3 Min./Varoma/Stufe 1/ohne MB** dünsten, dann umfüllen.
2. Zucchini mit einem Spiralschneider in Spaghetti schneiden. In den geölten Varoma legen und mit Salz und Pfeffer würzen, die Butterstückchen darauf verteilen, Varoma verschließen. Wasser einwiegen, **14 Min./Varoma/Stufe 1.5** garen.
3. Varoma herunternehmen und auf einen Teller setzen, Wasser ausschütten.
4. Rühraufsatz einsetzen.
5. Zwiebeln wieder in den Mixtopf schütten. Garnelen, Kokos-Gewürzöl, Weißwein und Zitronensaft zugeben sowie ggf. den Knoblauch und mit dem Deckel verschließen.
6. Varoma mit Deckel wieder aufsetzen und **10 Min./Varoma/Linkslauf/Stufe 0.5** garen.
7. Zucchini mit den Garnelen, etwas Soße und der gehackten Petersilie bestreut servieren.

Lachsfilets im Sesam-Mantel mit Brokkoli und Babyspinat

Pro Portion: 448 kcal • 35 g E • 39,5 g F • 8,5 g KH

2 Portionen
Zubereitung: 10 Min.
Rührdauer: 24 Min.

100 g rote Zwiebeln, geviertelt
25 g Kokosöl
200 g frischer Blattspinat, gewaschen
Salz
Pfeffer
250 g Brokkoli, in Röschen geschnitten
300 g Lachsfilets mit Haut, frisch oder TK, aufgetaut
1 EL Sesamsamen, geröstet
600 g Wasser
50 g cremiger Joghurt
15 g Kürbiskernöl (alternativ Olivenöl)

Die Lachsfilets schmecken auch mit der Satésoße (s. S. 44) sehr lecker.

1. Zwiebelstücke im Mixtopf **5 Sek./Stufe 5/mit MB** hacken. Kokosöl zugeben und **3 Min./120 °C/Stufe 1/ohne MB** dünsten.
2. Spinat gründlich waschen, in den Varoma schütten, gedünstete Zwiebeln darauf verteilen, salzen und pfeffern.
3. Brokkoliröschen ebenfalls darauf geben, salzen und pfeffern.
4. Lachs abwaschen und nur leicht mit Küchenpapier abtupfen, sofort salzen und pfeffern. Mit dem Sesam bestreuen. In Backpapier einwickeln und auf das Gemüse setzen.
5. Wasser in den Mixtopf einwiegen, Deckel und Varoma aufsetzen, mit dem Varomadeckel verschließen und **20 Min./Varoma/Stufe 1.5** dämpfen.
6. Den Spinat auf Teller verteilen und jeweils einen Klecks Joghurt darauf setzen. Brokkoli mit dem Kürbiskernöl (oder Olivenöl) beträufeln und Lachsfilets drapieren, dann servieren.

Lachs-Jakobsmuschelfleisch-Spieße mit Kürbisstampf

Pro Portion: 533 kcal • 36,5 g E • 32 g F • 22,5 g KH

2 Portionen
Zubereitung: 15 Min.
Rührdauer: 20 Min.

600 g Muskatkürbis, geschält und ohne Kerne
Salz
Pfeffer
1 Prise Zimtpulver
600 g Wasser
300 g Lachssteaks
125 g Jakobsmuschelfleisch, küchenfertig (evtl. TK, aufgetaut)
2 Prisen Grillgewürzmischung
6 TL Pesto (s. S. 68)
100 g Crème fraîche

Außerdem:
Holzspieße

Wem der Kürbis alleine zu kräftig im Geschmack ist, ersetzt ⅓ - ½ davon durch klein geschnittene Karotten und dämpft diese mit dem Kürbis mit.

1. Den Kürbis klein würfeln, in den Garkorb geben und salzen, pfeffern, sowie den Zimt zugeben.
2. Wasser in den Mixtopf wiegen, Garkorb einsetzen, Mixtopf verschließen und **9 Min./Varoma/Stufe 1.5/mit MB** garen.
3. Eventuelle Haut vom Lachs wegschneiden. Den Lachs dann in gleichmäßige Würfel schneiden. Abwechselnd mit den Jakobsmuscheln auf die Spieße auffädeln, beginnend mit Lachs.
4. Auf einen Bogen Backpapier setzen und mit dem Grillgewürz bestreuen, dann mit dem Pesto einpinseln. Backpapier zusammenfalten und in den Varoma geben.
5. Diesen auf den Mixtopf setzen (der Garkorb mit dem Kürbis bleibt drin) und nochmals **11 Min./Varoma/Stufe 1.5** dünsten.
6. Den Varoma auf einen tiefen Teller setzen, den Garkorb mit dem Spatel herausnehmen. Die Kürbiswürfel in eine Schüssel geben, die Garflüssigkeit von den Spießen dazu gießen und die Crème fraîche zugeben, mit einer Gabel zerdrücken und nach Geschmack salzen und pfeffern.
7. Den Stampf mit den Spießen servieren.

Jakobsmuscheln mit Safran-Blattspinat

Pro Portion: 478 kcal • 27 g E • 28,5 g F • 16,8 g KH

2 Portionen
Zubereitung: 20 Min.
Rührdauer: 20 Min.

- 500 g Blattspinat, frisch, oder TK, aufgetaut
- 100 g Schalotten, in Stücken
- 40 g Süßrahmbutter
- 100 g Weißwein
- 1 MB Wasser
- 1 MB Noilly Prat (alternativ Cinzano oder anderer Wermutwein)
- 1 Knoblauchzehe, durchgedrückt
- 10 g Gemüse-Basispaste (s. S. 10) oder 1 TL Bio-Gemüsebrühpulver
- 300 g Jakobsmuscheln (evtl. TK, aufgetaut), alternativ Kammmuscheln
- Salz
- Pfeffer
- 1 Prise Thymian
- 80 g Schlagsahne
- 1 Prise Safran

1. Spinat gründlich waschen und in den Varoma schütten bzw. den aufgetauten TK-Spinat darin verteilen, Deckel aufsetzen.
2. Schalotten im Mixtopf **5 Sek./Stufe 5/mit MB** zerkleinern, mit dem Spatel nach unten schieben. Butter zufügen und **3 Min./Varoma/Stufe 1/ohne MB** dünsten. Mit dem Wein, dem Wasser und dem Noilly Prat ablöschen. Knoblauch und Gemüse-Basispaste (oder Bio-Gemüsebrühpulver) zufügen. Varoma mit dem Spinat aufsetzen und **5 Min./Varoma/Stufe 1.5** garen.
3. Varoma herunternehmen und auf einem Teller absetzen.
4. Muscheln auf ein passend zurechtgeschnittenes Stück Backpapier in den Varoma-Einlegeboden geben, salzen, pfeffern und in den Varoma setzen.
5. Thymian und Safran zur Soße geben, Varoma mit Einlegeboden aufsetzen und **11 Min./Varoma/Stufe 1** kochen.
6. Varoma auf einem Teller absetzen. Schlagsahne in den Mixtopf schütten, Spinat in die Soße geben und **3 Min./100 °C/Linkslauf/Stufe 1/ohne MB** rühren. Muscheln mit dem Safranspinat, eventuell bestreut mit ein paar Safranfäden, servieren.

Kabeljau mit Zucchininudeln und Zitronen-Petersilien-Soße

Pro Portion: 691 kcal • 44,5 g E • 52 g F • 10,5 g KH

2 Portionen
Zubereitung: 20 Min.
Rührdauer: 21 Min.

Für den Fisch und die Nudeln:
600 g Zucchini, geputzt
Salz
Pfeffer
400 g Kabeljaufilets (küchenfertig)
4 TL Kokos-Gewürzöl (s. S. 13, alternativ 3 TL flüssiges Kokosöl, verrührt mit je 1 Prise Salz, Pfeffer, Paprika und gemahlenem Kreuzkümmel)
600 g Wasser

Für die Soße:
30 g Pinienkerne
75 g Olivenöl
3 EL gehackte Petersilie (evtl. TK, aufgetaut)
2 Knoblauchzehen, fein gehackt
Schalenabrieb von 1 Bio-Zitrone
1 ½ EL Zitronensaft
1 Prise Salz
1 Prise Pfeffer

1. Alle Zutaten für die Soße in den Mixtopf geben und **20 Sek./Stufe 5/ mit MB** hacken. Umschütten und beiseitestellen.
2. Die Zucchini mit einem Spiralschneider in Nudelstreifen schneiden.
3. Zwei Bögen Backpapier übereinander in den Varoma legen. Die Zucchinistreifen darauf setzen, leicht salzen und pfeffern.
4. Die Fischfilets abwaschen und trocken tupfen, in gleich große Stücke schneiden, mit dem Kokos-Gewürzöl einpinseln und auf den Zucchininudeln verteilen.
5. Wasser in den Mixtopf einwiegen, diesen verschließen, Varoma darauf geben und Deckel aufsetzen. **20 Min./Varoma/Stufe 1.5** garen.
6. Die Zucchinistreifen auf zwei Teller verteilen, Fischstücke darauf setzen und großzügig mit der Soße beträufelt servieren.

Edamame-Nudeln mit Räucherlachs und Mozzarella

Pro Portion: 677 kcal • 66 g E • 30,5 g F • 24,5 g KH

2 Portionen
Zubereitung: 12 Min.
Rührdauer: 36 Min.

200 g Edamame-Nudeln (mit 7 g KH je 100 g)
2300 g Wasser
1 TL Salz
200 g geräucherter Wildlachs, in Scheiben (alternativ Graved Lachs)
5 Stängel Dill, gewaschen, trocken geschüttelt
50 g Schalotten, geschält
10 g Kokosöl
1 MB Wermutwein (z. B. Cinzano)
75 g Wasser
25 g Asia-Basispaste (s. S. 12)
100 g Crème fraîche
Pfeffer nach Belieben

1. Edamame-Nudeln in den Garkorb geben. Wenn sie nicht gut hineinpassen, mittig durchbrechen.
2. Wasser und Salz in den Mixtopf geben, Garkorb einhängen, **26 Min./105 °C/Linkslauf/Stufe 2/ohne MB** weich kochen. Kurz vor Ende der Garzeit eine Nudel durch die Deckelöffnung herausnehmen und testen, ob sie weich ist (je nach Hersteller kann dies etwas früher oder später sein).
3. In der Zwischenzeit den Lachs in feine Streifen aufschneiden.
4. Dill von den Stängeln zupfen und grob hacken.
5. Sind die Nudeln fertig gegart, den Garkorb herausnehmen, in der Spüle oder auf einer Schüssel abtropfen lassen und warm halten (evtl. einen Deckel daraufstellen).
6. Schalotten halbieren, im Mixtopf **5 Sek./Stufe 5/mit MB** hacken, mit dem Spatel nach unten schieben.
7. Kokosöl zufügen und **3 Min./100 °C/Stufe 1/ohne MB** dünsten.
8. Wermut und Wasser sowie Asia-Basispaste zuschütten, **5 Min./120 °C/Stufe 1/ohne MB** kochen.
9. Crème fraîche, Dill und Pfeffer zur Soße geben und **1 Min./90 °C/Linkslauf/Stufe 2/ohne MB** erhitzen.
10. Die Edamame-Nudeln in eine Schüssel umfüllen, Lachs und Soße dazu schütten und gut mischen. Mit Salz und Pfeffer abschmecken und servieren.

Miesmuscheln in Tomatensoße

Pro Portion: 739 kcal • 17 g E • 18 g F • 25 g KH

2 Portionen
Zubereitung: 30 Min.
Rührdauer: 35 Min.

- 120 g Zwiebeln, geviertelt
- 1 Knoblauchzehe
- 10 g Raps- oder Olivenöl
- 400 g Tomaten aus der Dose
- 200 g Rotwein, gerne lieblich
- 150 g Rinderbrühe (alternativ 150 g Wasser)
- 40 g Asia-Basispaste (s. S. 12, alternativ 20 g Gemüsesuppenpulver)
- Nadeln von 1 Rosmarinzweig
- 1 TL italienische Kräutermischung, getrocknet
- 30 g Lauchzwiebeln, in 0,5 cm breite Ringe geschnitten
- 2 kg frische Miesmuscheln
- 150 g Cocktailtomaten an Stielen
- Salz
- 1 Prise schwarzer Pfeffer
- 1–2 TL Erythrit
- 30 g Low-Carb-Grillsoße (s. S. 14) nach Belieben

1. Zwiebeln und Knoblauch im Mixtopf **5 Sek./Stufe 5/mit MB** hacken, mit dem Spatel nach unten schieben. Öl zugeben und **3 Min./120 °C/ Stufe 0.5/ohne MB** dünsten.
2. Tomaten aus der Dose zugeben und **5 Sek./Stufe 5/mit MB** mixen.
3. Rotwein, Brühe (oder Wasser), Asia-Gemüsepaste, Rosmarin und italienische Kräuter zugeben und die Soße nun **15 Min./100 °C/Stufe 1/mit MB** kochen.
4. In der Zwischenzeit die Lauchzwiebeln putzen und schneiden und die Muscheln gründlich in eiskaltem Wasser wässern und aussortieren: Exemplare mit eingedrückter Schale müssen sofort entsorgt werden, Muscheln, die bereits offen stehen oder sich beim Waschen öffnen, aber nicht mehr schließen, werden ebenfalls entsorgt. Die guten kommen in den Varoma. Darauf die Lauchzwiebeln streuen und die Cocktailtomaten am Stiel darauf setzen.
5. Sobald die Soße fertig ist, mit Salz, Pfeffer und Erythrit abschmecken. Dann den Varoma aufsetzen und **16 Min./Varoma/Stufe 2** garen. Länger benötigen die Muscheln nicht (die Soße ist ja bereits heiß). Kocht man sie zu lange, zerplatzen sie durch die große Hitze.
6. Sofort mit der Soße und den Tomaten und ggf. der Low-Carb-Grillsoße servieren.

Zum Sattessen löffelt man anschließend die Soße als leckere Tomatensuppe aus. Wer mag, kann auch 2 Scheiben Eiweißbrot dazu essen oder sich einen grünen Salat mit leichtem Dressing machen.

Würziger Seelachs mit Fenchel-Orangen-Salat

Pro Portion: 436 kcal • 39,5 g E • 23 g F • 12 g KH

2 Portionen
Zubereitung: 25 Min.
Rührdauer: 21 Min.

30 g Olivenöl
5 g Senf, mittelscharf
10 g Aceto Balsamico
1 kräftige Prise Salz
1 Prise Pfeffer
30 g Orangensaft
½ TL Erythrit
400 g Seelachsfilet (evtl. TK, aufgetaut)
1 TL Meersalz
1 EL Senfkörner
½ TL Koriandersamen
½ TL Fenchelsamen
10 Pfefferkörner
2 EL Petersilie, gehackt
Schalenabrieb von 1 Bio-Zitrone
250 g Fenchelknollen, geputzt
30 g Schalotten, geschält
150 g Orangenfilets

1. Olivenöl, Senf, Aceto Balsamico, Salz, Pfeffer, Orangensaft und Erythrit im Mixtopf **20 Sek./Stufe 4/mit MB** mixen und umschütten. Mixtopf spülen und gut trocknen.
2. Seelachs unter klarem Wasser abspülen und mit Küchenpapier trocken tupfen.
3. Salz, Senfkörner, Koriandersamen, Fenchelsamen und Pfeffer im Mixtopf **10 Sek./Stufe 10/mit MB** mahlen, mit einem Pinsel nach unten streifen. Petersilie und Schalenabrieb sowie 5 g Öl und 10 g Wasser hinzugeben und **10 Sek./Stufe 3/ohne MB** mischen. Mit diesem Gewürz das Fischfilet rundherum einstreichen. Den Varoma-Einlegeboden mit einem passend ausgeschnittenen Stück Backpapier auslegen und den Fisch darauf setzen. Dabei darauf achten, dass die seitlichen Dampfschlitze frei bleiben.
4. In den Varoma setzen und **20 Min./Varoma/Stufe 1.5** garen.
5. In der Zwischenzeit den Fenchel fein hobeln und die Schalotten fein würfeln. Beides in eine Salatschüssel geben, mit der Salatmarinade begießen und gut vermischen. Die Orangenfilets vorsichtig unterheben.
6. Seelachsfilets mit dem Salat servieren.

SÜSSES, ZWISCHEN-MAHLZEITEN UND FRÜH-STÜCKSIDEEN

Kirschgrütze

Pro Portion: 66 kcal • 1 g E • 1,3 g F • 11,3 g KH

3 Portionen
Zubereitung: 3 Min.
Rührdauer: 3 Min.
Auftaudauer: ca. 2 Std.

300 g Sauerkirschen, TK, gefroren
50 g Erythrit
1 Msp. Vanilla Sweetener (s. S. 16)
5 g (1 TL) Johannisbrotkernmehl
1 MB Rotwein
etwas Schalenabrieb von 1 Bio-Zitrone

Wer mag, genießt die abgekühlte rote Grütze mit etwas geschlagener Sahne oder - fettarm - mit Naturjoghurt wie Skyr.

Alternativ kann man die Grütze auch mit einer Waldbeerenmischung oder Himbeeren kochen.

1. Kirschen mit dem Erythrit in eine Schüssel geben, mischen und auftauen lassen, zwischendurch umrühren.
2. Durch den Gareinsatz schütten und den Saft auffangen.
3. Saft im Mixtopf mit dem Vanilla Sweetener und dem Johannisbrotkernmehl, dem Rotwein und der Zitronenschale **2.30 Min./100 °C/Stufe 2/ohne MB** erhitzen.
4. Kirschen zugeben und **30 Sek./Linkslauf/Stufe 0.5/ohne MB** mischen.
5. In 3 Dessertschalen füllen, abkühlen lassen und genießen.

Molke-Sanddorn-Drink

Pro Portion: 71 kcal • 1 g E • 3 g F • 15 g KH

1 Portion
Zubereitung: 1 Min.
Rührdauer: 2 Min.

200 g Molke (z. B. von der Frischkäseherstellung, s. S. 24)
100 g Sanddornsaft
¼ TL Zimtwürzer (s. S. 15)
2 TL Erythrit (nach Geschmack)

Alle Zutaten im Mixtopf **1 Min./Stufe 5/mit MB** mixen, dann servieren.

Low-Carb-Marmelade aus Sauerkirschen und Erdbeeren

Pro Portion (30 g): 25,2 kcal • 0,5 g E • 0,36 g F • 10,95 g KH

Für 1400 ml (5 Gläser)
Zubereitung: 10 Min.
Rührdauer: 18 Min.
Wartezeit: 2 Std.

900 g Sauerkirschen, entsteint, evtl. TK
450 g Erdbeeren, geputzt, evtl. TK
1 Prise Vanilla Sweetener (s. S. 16)
30 g Zitronensaft
200 g Gelierzucker-Ersatz auf Erythritbasis (z. B. Sweetcare)
70 g Orangenlikör (nach Belieben)

Nicht nur auf dem Frühstücks-(Eiweiß-) Brot, auch in Joghurt, Frischkäse oder Quark sehr lecker – und das ohne Kohlenhydrate aus Zucker!

1. TK bzw. frische Früchte und Vanilla Sweetener sowie Zitronensaft mit dem Gelierzucker-Ersatz in einer Schüssel miteinander mischen und 2 Std. lang ziehen lassen, zwischendurch öfter umrühren.
2. In den Mixtopf geben, **20 Sek./Stufe 8/mit MB** zerkleinern, dann **17 Min./105 °C/Stufe 1.5/ohne MB** kochen.
3. Während der letzten Minute den Orangenlikör zugeben, wenn gewünscht.
4. In die vorbereiteten sauberen Gläser füllen, verschrauben und 10 Min. lang auf den Kopf stellen. Abgekühlt beschriften.
5. Diese Marmelade hält sich mehrere Monate.

Hüttenkäse mit Nüssen und Zimt

Pro Portion: 255 kcal • 22 g E • 18 g F • 5 g KH

1 Portion
Zubereitung: 5 Min.
Rührdauer: 4 Min.

25 g Mandeln, gehackt
1 TL Zimtwürzer (s. S. 15)
125 g körniger Hüttenkäse

Mandeln und Zimtwürzer im Mixtopf **4 Min./Varoma/Stufe 1/ohne MB** rösten. Zum Hüttenkäse geben und durchrühren.

Zwischendurch-Krautsalat

Pro Portion: 226 kcal • 2,5 g E • 20 g F • 8 g KH

2 Portionen
Zubereitung: 5 Min.
Rührdauer: 3 Min.

200 g Weißkohl, innere Blätter, in Stücken
50 g Karotten, in Stücken
100 g Crème fraîche
10 g Olivenöl
5 g Weißweinessig
30 g Erythrit oder Flüssigsüße
1 Prise Salz

1. Weißkraut und Karotten im Mixtopf **5 Sek./Stufe 5/unter Zuhilfenahme vom Spatel** zerkleinern und umfüllen.
2. Restliche Zutaten im Mixtopf **2 Min./Stufe 3/mit MB** verrühren, bis sich das Erythrit aufgelöst hat. Krauthäcksel zugeben und nochmals **30 Sek./Linkslauf/Stufe 2.5/mit MB** mischen. In eine Schüssel umfüllen und abgedeckt 12 Std. lang ziehen lassen.

Mandelmilch mit Gewürzen

Pro Portion: 187 kcal • 8,5 g E • 17 g F • 10 g KH

2 Portionen
Zubereitung: 3 Min.
Rührdauer: 1 Min.
Einweichzeit: 12 Std. bzw. über Nacht

60 g Mandeln
400 g Wasser
2 Prisen Zimtpulver
1 Prise Kardamompulver
1 Prise Kurkumapulver
2 TL Erythrit

1. Die Mandeln über Nacht in Wasser einweichen. Anderntags das Wasser wegschütten und die Mandeln im Mixtopf **10 Sek./Stufe 10/mit MB** hacken.
2. Wasser und Gewürze zugeben und **20 Sek./Stufe 10/mit MB** mixen.
3. Mit Erythrit nach Wunsch süßen.
4. Wer den Drink warm mag, erhitzt ihn **3 Min./70 °C/Stufe 1/ohne MB** im Mixtopf.

Piña-Colada-Quarkspeise

Pro Portion: 627 kcal • 13,5 g E • 62 g F • 15 g KH

2 Portionen
Zubereitung: 5 Min.
Rührdauer: 3 Min.

25 g Kokosöl
100 g Ananasfruchtfleisch, in Stücken (Strunk entfernt)
300 g Quark, 20 % Fett
80 g Kokosraspel
15–20 g Erythrit

Wer keine ganze Ananas kaufen möchte, kann in einigen Supermärkten in der Kühltheke der Obstabteilung vorgeschnittene Ananas finden. Dosenfrüchte enthalten leider meist zu viel Zucker.

1. Kokosöl im Mixtopf **2 Min./37 °C/Stufe 1/ohne MB** schmelzen lassen.
2. Ananas zugeben und **10 Sek./Stufe 10/mit MB** zerkleinern.
3. Restliche Zutaten bis auf das Erythrit zufügen und **30 Sek./Stufe 3/ mit MB** mischen.
4. Mit dem Erythrit nach Belieben süßen (je nachdem, wie süß die Ananas ist, benötigt man mehr oder weniger davon).

Low-Carb-Marzipan

Pro Portion (ca. 35 g): 121 kcal • 4,8 g E • 10,7 g F • 19,2 g KH

350 g (10 Portionen)
Zubereitung: 15 Min.
Rührdauer: 11 Min.
Trockenzeit: 12 Std.

180 g Erythrit
400 g Wasser
200 g Mandeln, mit Haut
1 TL Rosenwasser
5 Tropfen Bittermandelöl
1–1 ½ EL Wasser

Wer sich die Arbeit mit dem Schälen der Mandeln nicht machen möchte, kann auch bereits geschälte weiße Mandeln verwenden. Es schmeckt zwar nicht ganz so fein, aber immer noch viel besser als die meisten gekauften!

1. Das Erythrit im Mixtopf **10 Sek./Stufe 10/mit MB** fein mahlen. Etwas warten, bis sich der Nebelstaub gesetzt hat, dann umschütten.
2. Wasser und Mandeln im Mixtopf **8 Min./120 °C/Linkslauf/Stufe 1/ mit MB** kochen. Durch ein Sieb abgießen. Die Mandeln nun zwischen die Finger nehmen und die Haut »abschnipsen« – oder sie auf ein Geschirrtuch schütten und das Tuch über die Mandeln klappen. Zwischen den Händen so lange rubbeln, bis sich die Haut gelöst hat. Diese entfernen.
3. Die weißen Mandeln nun über Nacht auf einem Tuch trocknen lassen.
4. Dann im Mixtopf **10 Sek./Stufe 10/mit MB** mahlen, mit dem Spatel nach unten schieben. Das Erythritpulver zugeben und wiederholen, bis eine sehr feine Masse entstanden ist, die kleine Klümpchen bildet. Mahlt man jedoch zu lange, erhält man Mandelmus!
5. Anschließend Rosenwasser, Bittermandelöl und 1 EL vom Wasser zugeben und das Ganze **2 Min./Teigstufe/ohne MB** zu einem festen Teig kneten lassen. Wenn nötig, noch ein paar Tropfen Wasser nachgeben (hängt von der enthaltenen Restfeuchte der Mandeln ab).
6. Das Marzipan nun entweder in Barrenform kneten, in eine Frischhaltefolie verpacken und stückweise genießen oder zu Kugeln formen und in ungesüßtem, entöltem Kakaopulver wälzen (Marzipankartoffeln). Man kann auch ein paar Tropfen Lebensmittelfarbe mit hineinkneten und daraus nach Wunsch Teile formen. Am besten innerhalb von 2–3 Wochen aufbrauchen.

Himbeer-Proteinsoftie

Pro Portion: 62 kcal • 10 g E • 0,7 g F • 3,8 g KH

1 Portion
Zubereitung: 3 Min.
Rührdauer: 5 Min.

100 g Himbeeren, TK, gefroren
20 g Proteinpulver (evtl. Vanille oder neutral)
40 g Wasser
50 g Kefir (neutral)
evtl. etwas Flüssigsüßstoff

1. Himbeeren im Mixtopf **30 Sek./Stufe 10/mit MB** zerkleinern. Die Früchte mit dem Spatel nach unten und zur Seite schieben und den Rühraufsatz einstecken. Proteinpulver, Wasser und Kefir zugeben und **3 Min./Stufe 3.5/mit MB** aufschlagen.
2. Nach Geschmack nachsüßen und sofort servieren.

Bildnachweis

S. 9, 12, 15, 16, 19, 20, 21, 23, 25, 28, 29, 30, 32, 38, 39, 45, 46, 49, 51, 53, 55, 57, 59, 61, 67, 69, 71, 73, 75, 77, 78, 79, 81, 83, 85, 87, 88, 93, 95: © Karl-Heinz Engler, S. 27, 37, 43: © riva Verlag, S. 9, 14: Handmade-Pictures/shutterstock.com, S. 11: JoannaTkaczuk/shutterstock.com, S. 17: yesyesterday/shutterstock.com, S. 18: Tatyana Berkovich/shutterstock.com, S. 22: OnlyZoia/shutterstock.com, S. 24: kina8/shutterstock.com, S. 31: Amallia Eka/shutterstock.com, S. 33: Timolina/shutterstock.com, S. 35: Dani Vincek/shutterstock.com, S. 40: Brent Hofacker/shutterstock.com, S. 41, 47: stockcreations/shutterstock.com, S. 41, 50: RUM-photo/shutterstock.com, S. 58: Taiftin/shutterstock.com, S. 60: Elena Hramova/shutterstock.com, S. 63, 64: Igor Sirbu/shutterstock.com, S. 63, 65: Maren Winter/shutterstock.com, S. 63, 74: Melinda Fawver/shutterstock.com, S. 75, 76: Elena Shashkina/shutterstock.com, S. 87, 90: amberto4ka/shutterstock.com, S. 87, 92: Elena Schweitzer/shutterstock.com, S. 89: Natalia Evstigneeva/shutterstock.com, S. 94: Ray Bond/shutterstock.com